野坂昭《あき》如《ゆき》の霊言

死後21時間目の直撃インタビュー

大川隆法

Ryuho Okawa

JN183880

まえがき

本文中で死後21時間の野坂昭如《のさかあきゆき》さんが述べているように、この作家に私はあまり関心がなかった。

一九九一年の講談社フライデー事件で、一時期一瞬《いっしゅん》すれ違ったぐらいの感覚しかなかった。今年の夏頃だったか、次男の真輝《まさき》が当会学生部の諸君と先の大東亜戦争についてパネルディスカッションをした際に、野坂氏の「火垂《ほた》るの墓《はか》」の映画（DVDかTV）を観《み》たある学生が感想を言っているのを聞いて、あわてて取り寄せて観たぐらいである。

あとは、二十数年前になるが、野坂氏が「東大出の奥さん（前妻）のほうが頭がいいので、仕切られて尻に敷《し》かれているんじゃないか。」と何かに私のことをコメントしていたのを読んで、ＥＸ・ワイフが喜んでいたのを覚えているくらいだ。
今回、受け入れ態勢が十分でないのに、夜の霊言をやったので、野坂氏にやや失礼をした面があるかもしれないが、ドキュメンタリータッチで霊言の真実性の証明ができた点は幸いだった。

二〇一五年　十二月二十二日

幸福《こうふく》の科学《かがく》グループ創始者兼総裁《そうししゃけんそうさい》　大川隆法《おおかわりゅうほう》

野坂昭如の霊言　目次

野坂昭如《のさかあきゆき》の霊言《れいげん》
――死後21時間目の直撃《ちょくげき》インタビュー――

二〇一五年十二月十日　収録
東京都・幸福の科学　教祖殿《きょうそでん》　大悟館《たいごかん》にて

6

7 大川隆法に対するさまざまな〝本音《ほんね》〟　141

「霊言現象《れいげんげんしょう》」とは、あの世の霊存在の言葉を語り下ろす現象のことをいう。これは高度な悟《さと》りを開いた者に特有のものであり、「霊媒現象《れいばいげんしょう》」（トランス状態になって意識を失い、霊が一方的にしゃべる現象）とは異なる。

なお、「霊言」は、あくまでも霊人の意見であり、幸福の科学グループとしての見解と矛盾《むじゅん》する内容を含《ふく》む場合がある点、付記しておきたい。

野《の》坂《さか》昭《あき》如《ゆき》の霊《れい》言《げん》

――死後21時間目の直撃《ちょくげき》インタビュー――

二〇一五年十二月十日　収録

東京都・幸福の科学　教《きょう》祖《そ》殿《でん》　大《たい》悟《ご》館《かん》にて

野坂昭如《のさかあきゆき》（一九三〇～二〇一五）

作家。早稲田《わせだ》大学第一文学部仏文科中退。放送作家や作詞の仕事に従事し、一九六三年、「おもちゃのチャチャチャ」の作詞で第五回日本レコード大賞童謡賞《どうようしょう》を受賞。同年、小説『エロ事師《ごとし》たち』を発表。六七年、戦時中に妹を亡《な》くした体験が題材である『火垂《ほた》るの墓《はか》』、戦後の闇市《やみいち》体験に基《もと》づく『アメリカひじき』で直木賞《なおきしょう》を受賞。「焼跡闇市派《やけあとやみいちは》」を自称《じしょう》した。その他、評論やエッセイの執筆《しっぴつ》、歌手やタレント活動、参議院議員等、幅広《はばひろ》い活動を行った。

質問者　※質問順

斎藤哲秀《さいとうてっしゅう》（幸福の科学編集系統括《とうかつ》担当専務理事　兼《けん》
HSU未来創造学部芸能・クリエーターコースソフト開発担当顧問《こもん》）

里村英一《さとむらえいいち》（幸福の科学専務理事〔広報・マーケティング企画《きかく》担当〕兼　HSU講師）

松本弘司《まつもとこうじ》（幸福の科学メディア文化事業局担当常務理事　兼　映画企画担当　兼　HSU講師）

［役職は収録時点のもの］

1　死後二十一時間の野坂昭如《のさかあきゆき》氏の霊言《れいげん》を試みる

亡《な》くなってすぐ、「霊言《れいげん》をさせろ」と言ってきた野坂氏の霊

大川隆法　夜分（午後七時五十分）に急なことで申し訳ありませんが、昨日《きのう》の夜遅《おそ》く（二〇一五年十二月九日午後十時半ごろ）に作家の野坂昭如《のさかあきゆき》さんが亡《な》くなり、今日の夕刊にその報道が載《の》りました。

そこで、（教祖殿《きょうそでん》に同氏の霊《れい》が）来ないように、宗務《しゅうむ》のスタッフが各紙に掲載《けいさい》された野坂さんの顔写真の部分にすべて白い紙を貼《は》り、私に見えないようにしたのです。ところが、それが逆捩《さかね》じとなり、「わしを来させないつもりか」と、ご本人が腹を立ててやって来てしまいました（笑）。

逆効果になってしまい、午後六時から七時過ぎまでずっと（霊言《れいげん》収録の）〝交渉《こうしょう》〟をされて、ご飯《はん》も食べられない状況《じょうきょう》になりました。とりあえずやらなければ、「これ

を明日《あした》も明後日《あさって》も、ずっと続ける。来週の火曜（十二月十五日。千葉《ちば》・幕張《まくはり》メッセで、エル・カンターレ祭大講演会『信じられる世界へ』を開催《かいさい》）までやる」と言っていたのです。

確かに、これまでにも、〝偉《えら》い人〟が亡くなると、こちら（教祖殿）へ来ています。サッチャーさんも来られたし、面識もないのに、比叡山《ひえいざん》の大阿闍梨《だいあじゃり》もお出《い》でになりました（『サッチャーのスピリチュアル・メッセージ』『酒井雄哉《さかいゆうさい》　日本天台宗《てんだいしゅう》大阿闍梨に引導《いんどう》を渡《わた》す』〔共に幸福の科学出版刊〕参照）。いろいろな方が来られているので、生前、当会に関心があった人などは来るかもしれません。

この人に関しては、おそらく、当会に対する見識のところについてある程度清算《せいさん》しないと、あの世に還《かえ》れないのではないかと思われます。本当は本人としても言いたいことがたくさんあって、直接確かめたかったこともある

死後19時間で収録された『サッチャーのスピリチュアル・メッセージ』（幸福の科学出版）

死後２カ月余りで収録された『酒井雄哉　日本天台宗大阿闍梨に引導を渡す』（幸福の科学出版）

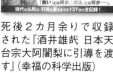

のでしょう。ある意味では関心があったのだと思います。物書きとして、あるいは政治思想を持っていた方として、言いたいことが山ほどあったようで、先ほどからすでにだいぶ言っていたわけです。

最近亡《な》くなった水木《みずき》しげる、原節子《はらせつこ》、北《きた》の湖《うみ》の霊《れい》も来ている？

大川隆法　そもそも口は悪い人なので、そのあたりは多少割り引かなければいけないかもしれません。本心は違《ちが》うかもしれず、本当は、「とりあえず引導を渡してほしい」ということなのではないかと思います。

あの世へ行くのに妨《さまた》げとなることとして、一九九一年ごろに幸福の科学のことを批判したことがありました。そのあたりのことが引っ掛《か》かっていると思われるので、「本物か偽物《にせもの》かを見極《みきわ》めたい」という気持ちがあるのでしょう。ただ、裏の気持ちとしては、「引導を渡してほしい」ということなのではないでしょうか。あの世に還れる条件をつくってほしい」ということなのではないかと思います。そのように、「よく説得されてみたい気持ち」もおありなのではないかと思います。

少々行儀《ぎょうぎ》の悪い方ですから、耳障《みみざわ》りかとは思いますけれども、いちおうはやらないと終わらないでしょう。これを何日もやられると、ちょっと大変なので（苦笑）。それから、ほかの人の名前まで挙《あ》げて、「水木《みずき》しげるだの、原節子《はらせつこ》だの、北《きた》の湖親《うみ》方だのが来てるぞ」とか言って……（苦笑）。「みんな押《お》しかけてくる」「毎日、来るぞ」などと言っていました。

それから、「エル・カンターレ祭は自分が指導霊《しどうれい》をしてやったる」とも言っていましたが、「勘弁《かんべん》してくれ」と思いました。「そこまで言われるなら、まあ、早めに（霊言の収録を）やっておこうかな」と考えたわけです。

作家・野坂昭如氏を招霊《しょうれい》し、発言の機会を与《あた》える

大川隆法　まあ、当会にとっては〝不慮《ふりょ》の事故〟のような感じがしなくもないのですけれども……。

おそらく、亡《な》くなってから、まだ二十一、二時間ぐらいかと思うのですが、六時から来ているので、（正確には）もう少し前になるのでしょうか。十数時間かもしれま

せんが。

それでは、すでに来ていますので、とりあえず話してもらいますから、よろしくお願いします。

最初は少し難しいかもしれませんが、まったく分からないわけではないはずです。ただ、へそが曲がっていますから、素直《すなお》ではないと思います。

では、作家の野坂昭如さん、今、来られているようですので、どうぞ、自由にご発言くださって、ご納得《なっとく》いただき、お還りいただけるとありがたいと思っています。よろしくお願いします（手を一回叩《たた》く）。

（約五秒間の沈黙《ちんもく》）

野坂昭如（1930 ～ 2015）

《代表作『火《ほ》垂《た》るの墓』のエピソード》

野坂昭如氏の代表作であり直木賞受賞作となった『火垂るの墓』は、自身の作家生活の出発点であるとともに、実際の戦争体験をもとに綴《つづ》った半自伝的短編小説である。1945 年 6 月の神《こう》戸《べ》大空襲で自宅を焼失し、家族が被災した体験や、栄養失調で亡くなった妹など、実話をもとにした描写がちりばめられている。本作品は約 20 年の歳月をへて 1988 年にアニメーション映画化。往時を知らない世代にも、本作の原作者として野坂氏の名が改めて知られることとなった。さらに、公開後 20 数年たった最近に至るまで 10 数回にわたり、テレビで再放送されている。

2　幸福の科学のことがそうとう気になっていた!?

「わしが納得《なっとく》しなければ、死んだとは言えない」

野坂昭如　いやあ、あんたら、ついてるなあ。

斎藤　ありがとうございます。

野坂昭如　ええ？　直木賞《なおきしょう》作家が、死んで早々に霊言《れいげん》を送ってくるなんて、おまえら、ものすごい「徳」があるんだなあ。

斎藤　（笑）

里村　ええ、本当にありがとうございます。

野坂昭如　金も儲《もう》かるわなあ。ええ？　わしゃあ、自分の霊言（書籍《しょせき》）がどのくらい売れるか見てみたいんだ。ハッ。ヘッ。

斎藤　昨日《きのう》の夜、お亡《な》くなりになって……。

野坂昭如　まだ断定《だんてい》するな。まだ死んだかどうか……。

斎藤　ああ、なるほど。すみません。たいへん失礼しました。

野坂昭如　まだ、わしが納得《なっとく》しなければ、死んだとは言えんからなあ。まだ〝復活の儀式《ぎしき》〟もあるかもしれんからさあ。

斎藤　今日は本当に、ようこそお越《こ》しくださいました。

野坂昭如　うーん、「今日、もしかしたら、何か復活できるんじゃないか」っていう気も、ちょっとあるんだなあ。ええ？　救世主だったら、「復活」ぐらいさせてくれよ。

斎藤　ああ、なるほど（苦笑）。

野坂昭如　それをやったら、あとは書いたるよお。「そらあ、ほんまのイエスだわ」「これはイエスの生まれ変わりかもしらん」って。

里村　いやいや。

野坂昭如　ええ？　復活させてくれよ。いや、自分の体が駄目《だめ》なら、大川の体をもらってもいいからさあ。魂《たましい》をどけて、俺《おれ》が入って、野坂になっちゃうよ。そんでいいんじゃないの？　ええ？

斎藤　いえいえ。

数多くの受賞作品を生み出していった生前

斎藤　私《わたくし》たちも、もう本当に野坂先生の……。

野坂昭如　本は読んどらんけども、名前だけは知ってるか。

斎藤　いやあ、その高名《こうめい》なところはお聞きしております。

野坂昭如　アッハッハ（笑）。

斎藤　直木賞から、講談社エッセイ賞、吉川英治《よしかわえいじ》文学賞、泉鏡花《いずみきょうか》文学賞、坂口安吾《さかぐちあんご》の安吾賞新潟《にいがた》市特別賞と、たくさん受賞されていまして。

野坂昭如　もう、「おもちゃのチャチャチャ」しか聞こえてこんわなあ、おまえの頭からは。

斎藤　ええ。特に、「おもちゃのチャチャチャ」という、有名な有名なお歌がございますけれども。

野坂昭如　ああ、それは最高傑作《けっさく》だなあ。

斎藤　ええ（笑）。

野坂昭如　次は『火垂《ほた》るの墓《はか》』なあ。

里村　その作品で「直木賞」も取られました。

野坂昭如　あとは何も知らんと、誰《だれ》もな。

斎藤　いや（笑）。

野坂昭如　それが幸福の科学の実態だ。ハッ。

里村　いやいや。もう本当に、戦後の、それこそ私《わたくし》どもが物心《ものごころ》ついたときには、すでに活躍《かつやく》されていましたから。

野坂昭如　おまえ、口がうまいなあ。

里村　いえいえ！

野坂昭如　ああ、気をつけないと。もしかしたら、その口のうまさは新潟生まれちゃうんか。ええ？（注。野坂氏は旧制新潟高校に通っていた）

斎藤　（笑）（里村・松本を指し）今日は、新潟生まれの二人をお呼びしました。

里村　実は、はい（笑）。

野坂昭如　まあ、新潟生まれは、頭は悪くても口は立つんだ。

松本　（笑）

里村　いえいえ（笑）。とんでもないです。

新潟からは、いろいろな文士《ぶんし》の方、作家の方が出ておりますけれども……。

野坂昭如　尊敬するやろう？

里村　はい。

野坂昭如　やっぱりなあ。うーん。

里村　ええ。ですので、今日、このようにお話をお伺《うかが》いできるのは、本当に得《え》がたい機会だと思っております。

「幸福の科学のことは腹が立つぐらい知っている」

野坂昭如　（里村に）おまえなあ、顔を売って、名前を売っとるわなあ、けっこうなあ。ほんとに、教団でなあ。

里村　いやいや、とんでもないです。

野坂昭如　いろんな本に出てくるでないか、なあ。宇宙人だって？（注。里村は、以前の宇宙人リーディングにより、過去、金星のイボガエル型宇宙人であったことが判明している。『宇宙人リーディング』〔幸福の科学出版刊〕参照）

里村　いやいやいや（笑）。

野坂昭如　ええ？　〝カエル〟の生まれ変わりっていう話やんかあ。カエルがなぜ日本語をしゃべるか、（斎藤を指し）説明してくれるかあ、編集長。

斎藤　はいっ。

『宇宙人リーディング』
（幸福の科学出版）

松本　よくご存《ぞん》じですね。なぜご存じなんですか。

野坂昭如　それは知ってるよ、何でも。もう、全知全能だから。

斎藤　先生は、今まで幸福の科学に降霊《こうれい》されたいろいろな諸先生がたに比べまして、非常に当会についてはご存じで……。

野坂昭如　ええ？　そんなのねえ、腹立つぐらい知っとるでえ。

斎藤　（幸福の科学と）親しみのある距離《きょり》感を感じますけれども。

野坂昭如　チッ（舌打ち）。腹立つぐらい知っとるって言ってる。わしがやりたいことを全部、やりおったからさあ。

斎藤　ああ。先生のやりたかったことを、全部してしまったのが幸福の科学であるということですか。

野坂昭如　全部やりおったから。まあ、全部ではないけど、ある程度はやったわなあ。少なくとも、やりたかったことはやったからなあ。

松本　例えば？

野坂昭如　ええ？　金儲《かねもう》けをやっただろ？

斎藤　いきなりですか……（苦笑）。

野坂昭如　本をいっぱい売りまくっただろ？　政治運動もやっとるだろ？　人の批判

もやり放題だろ?

斎藤　えっ、批判ですか。

野坂昭如　本人は思っとらんかもしらんけど、けっこう有名になっとるしさあ。ほんとに。

里村　ええ。

野坂昭如　テレビジャックもしたし、雑誌ジャックもしたしさあ、マスコミを翻弄《ほんろう》しただろう? それで、外国にまで名前を売りまくってさあ、海外出版して、やってやって、やりまくりや。

信者が集まれば「野坂教」の教祖になりたかった?

里村　でも、野坂先生も、十数作は海外で翻訳《ほんやく》されていますし、テレビにも……。

野坂昭如　おまえなあ、わざと言うとるんだろう?

里村　はい?

野坂昭如　「十数作」って? ええ? 「大川隆法先生は何作訳されましたか」って言わせたいんだろう(会場笑)。

里村　いや、でも、日本の小説になりますと、なかなか海外では出ませんよ。難しいです。

野坂昭如　そういうのは、ほめてるうちに入らんなあ。

里村　いやいやいやいや。ですから、例えば、テレビにも……。

野坂昭如　俺だって教祖になりたかった。俺だって教祖ぐらいなあ。

里村　ほお。

野坂昭如　ええ？　俺の信者が集まれば、教祖ぐらいになれたからなあ。

里村　どんな教祖、宗教でしょうか。

野坂昭如　「野坂教」よ。

里村　「野坂教」ですか。

野坂昭如　そらあ当たり前やな。「野坂教」よお。

里村　「野坂教」には、どんな教えがあるのでしょうか。

野坂昭如　ええ？　やっぱり、「焼跡闇市教《やけあとやみいちきょう》」というんだよなあ。

斎藤　野坂先生は、文壇《ぶんだん》では、「焼跡闇市派」と呼ばれていますね。

野坂昭如　だから、第二次大戦で焼け出されてなあ、肉親を失い、食糧《しょくりょう》もなく、あの屈辱《くつじょく》のなかで、生きることだけを考えていた人たちの、その初心を忘れないことを教義とする宗教だ。うーん。

里村　「あの焼け跡を忘れない」というのは、非常に大事だと思います。

野坂昭如　転向《てんこう》するか？　「野坂教」に入る？

里村　いや、転向はしませんけれども（苦笑）。

野坂昭如　会員番号を発行するよ。

里村　ただ、そこが大事だという点は、本当に分かります。

野坂昭如　そうかねえ。幸福の科学からは、そんな思想、聞いたことないなあ、一度も。

里村　いえいえいえいえいえいえ。

野坂昭如　反戦に基《もと》づいとらん宗教やからなあ。

里村　いや、とんでもないです。

野坂昭如　ううーん？

里村　やはり、そこからの出発は、戦後日本にとって大事なことだったんですから。

野坂昭如　うーん。

「復活したような感じがするのは、宗教の力なのか」

里村　ただ、そういった話に入る前にお訊《き》きしたいことがあるのですが、先ほどからお伺いしていると、野坂先生は、やはり、「すでに魂である」ということはご認識されていらっしゃると……。

野坂昭如　知らんなあ。

里村　いや、ただ、先ほど、「（大川隆法の）体をもらっても」というように……。

野坂昭如　いや、知らんねえ。全然。

斎藤　ええ、そうですね。体をジャックして、「取って代わりたい」ということのようでしたが。

野坂昭如　それはやっぱり、この場を借りて、幸福の科学の総力を挙げて、「霊言集が本物なのか、偽物《にせもの》なのか」を、全国、全世界の人たちに証明しないといかん。
だから、おまえらのシンパの人の守護霊《しゅごれい》だの、「死後の第一声」なんか出したってさあ、そんなもん、証明にならないわなあ。シンパは何にも文句《もんく》を言わないからな。野坂が出てきてやなあ、「認めるか、認めないか」、これはやっぱり、全世界注目の判定だなあ？　わしが認めたら、そら、「本物」っていうこともありえるけどもね。

里村　ええ。

野坂昭如　シンパが出てきて、なんぼ言うたって、そんなもんあかんよ。そら、証明にならんわなあ。マスコミの原理はそうなっとるわ、なあ？

里村　そうしますと、今日の野坂先生は、非常に滑《なめ》らかに、いろいろなお言葉が……。

野坂昭如　ああ、なんか元気が出てきてな。やっぱり、わしはまだ生きとるような気がするんだよなあ。食欲もあるんだ、食欲も。

里村　野坂先生は、二〇〇〇年代に、ちょっと脳のほうの病気をされてから、今のように弁舌《べんぜつ》さわやかにお話しになるのが難しかったはずです。

野坂昭如　うーん、そう。なんか「復活」したような感じがするんだなあ、「復活」を。これは宗教の力なんかなあ。

里村　そうです。

野坂昭如　もし、わしが「復活」できたら、これは本物の宗教やわ。

里村　いや、まさに今、宗教の力で、ある意味「復活」されているんです。

野坂昭如　ああ、そう。うーん、なんか、軽《かろ》やかな感じがするなあ。

里村　それが「霊言」というものなんですよね。

野坂昭如　大川隆法っていう人は、もしかしたら善人かもしらんなあ。わしに体を譲《ゆず》ってくれて、自分は、もう魂を引き揚《あ》げてなあ、わしに再び命を与《あた》えてくれる。わしは、やっぱり、イエスの生まれ変わりだったかもしらんなあ。

里村　あくまでも一時的なものですけれども。

野坂昭如　ああ？　一時的？

里村　はい。（霊言収録のときだけの）一時的なものですけれどもね（笑）。

野坂昭如　いや、わしに体を譲ってくれたら、わしが〝イエスの生まれ変わり〟っていうことが判明するなあ。

もし復活できるとしたら、したいこととは何か

里村　逆に言うと、生まれ変わってというか、復活して、何かしたいことがあるとか、まだ心残《こころのこ》りがおありでございますか。

野坂昭如　うーん？

斎藤　そうですね。ぜひ、今日は、野坂先生の心残り、やりたいことなどをお聞かせいただければ……。

野坂昭如　うーん、「金儲《かねもう》けの法」を、ちょっと説きたかったよなあ。書いてみたかったなあ。「億万長者になる法」とか、やっぱり……。

斎藤　「金儲けの法」ですか。

里村　いや、でも、いろいろなかたちでだいぶ活躍され……。

野坂昭如　大川隆法に負けない「金儲けの法」を、やっぱり、説いとかないとなあ。

里村　いえ、ですが、「火垂《ほた》るの墓」など、著書が映画にもなり、テレビでも何度も放送されているのに、お金ということは、そんなに……。

斎藤　ご印税《いんぜい》のほうなどで、もう、だいぶ蓄財《ちくざい》されているんじゃないですか。

野坂昭如の直木賞受賞作をアニメーション映画化した「火垂るの墓」（1988年公開／東宝）

幸福実現党党首に活《かつ》を入れ始める野坂昭如氏

野坂昭如　いやあ、田中角栄《たなかかくえい》を批判して、〝正義の味方〟の私が落選したりするようなこともあったので。おまえらも選挙に出てるけど、うまいこといっとらんだろ。

斎藤　はい。

野坂昭如　参議院議員に当選したことがあるんだぞお？　落ちたこともあるけど。アハハハハハハハ（笑）。釈量子《しゃくりょうこ》（幸福実現党党首）を呼んでこい、おらあ！　釈量子を。おまえの知名度じゃあ、全然当選せんぜえ。

斎藤　（笑）いやいや。

野坂昭如　わしはなあ、こんなに口は悪いけど、当選したことがあるんだぞお。角栄批判もしてなあ、ええ？

釈量子著『太陽の昇る国』
（幸福実現党）

斎藤　第二院クラブから出馬して当選し、参議院議員になられたことが、一度ありますね。

野坂昭如　釈量子、来年は参議院選に落ちたら、おまえ、東京湾《わん》に飛び込《こ》めよお！　ええ？　許せへんぞお。

松本　よくご存じですね。

野坂昭如　教団がついとって、しかもポスターも貼《は》りまくっとんだろうが、おまえらあ。

松本　そこまでご存じなんですね。

里村　幸福実現党の新しいポスターが貼られています。

野坂昭如　ええ？　もう、だから、全知全能だって言うとるやないかあ。

松本　よほど幸福の科学が気になられていたんですね？

野坂昭如　それは気になるよお。

松本　そこまで気になるのには理由が……。

野坂昭如　もし、これが〝悪魔教《あくまきょう》〟だったらやなあ、繁栄《はんえい》するのは許せんわなあ。

3　直《なお》木《き》賞《しょう》作家・景山民夫《かげやまたみお》氏との交流を振《ふ》り返る

二十四年前に行われた作家・景山民夫《かげやまたみお》氏との対談

斎藤　実は、私たち一人びとりの記憶《きおく》に残っていることとしまして、今から二十四年ほど前になるのですが、一九九一年九月に、「週刊朝日」で、景山民夫《かげやまたみお》先生と野坂先生による、「幸福の科学問題１５０分闘論《とうろん》」というものが行われまして……。

野坂昭如　いや、違《ちが》う、違う、違う、違う！　「景山民夫先生」はよろしい。「野坂昭如大先生」と言いなさい。差があるから、ちょっと。

斎藤　はい（笑）。では、「野坂昭如大先生」と、あえて言わせていただきますけれども（苦笑）。

野坂昭如　うん。そう、そう、そう。

斎藤　その大先生と景山先生との対談が誌上に載《の》りまして、確か二週にわたって載っていたような気がしますけれども……。

野坂昭如　わしの「勝ち」やろ？　そんなん。

斎藤　いや、いや。そこでは、「野坂さんも天上界《てんじょうかい》に行けますよ」「妹さんとも会えます」など、いろいろな話がございました。

野坂昭如　騙《だま》すなよ。

斎藤　何が言いたいかというと、そのときから……。

野坂昭如　景山はタネが尽《つ》きたんだ。書くタネが尽きたら、宗教に頼《たよ》るわけやなあ。大川のあまりの金儲《かねもう》けのうまさにねえ、やっぱり、もう心酔《しんすい》してしもうたんだ。

直木賞《なおきしょう》系の作家っていうのはみんな、金儲けに関心があるからな。やっぱり、本を売るやつの力量っていうのには敬服するからさ。信仰心《しんこうしん》やら、どうだとか、そんなのはみんな嘘《うそ》だけども、その「金儲け力」はちゃんと分かるからさ。「これは敵《かな》わん」と思うた、な？　それで（景山民夫は）説得されたんか。

わしは、「そんなもんでやられるようでは、〝田中角栄崇拝《たなかかくえいすうはい》〟と変わらんやないか」っていうことだなあ。

「金儲《かねもう》け」に強い関心を示す野坂昭如氏

里村　先ほどから、どんなお話をしても、やはり、お金のところにすごく……。

野坂昭如　それは、お金な。やっぱり、おまえらは金儲《かねもう》けが目的だろ？

里村　いやいや、そんなことはございません。救済です。

野坂昭如　ええ？　銀行の代わりに、「幸福の科学」っていう〝ねずみ講〟をつくったんだろう。

里村　いえいえ。魂《たましい》の救済のためですので、銀行ではないんです。お金とは全然関係ないですよ。

野坂昭如　魂の救済って……、まあ、生活の糧《かて》を集めようとしてんだよな、おまえらな。

娘《むすめ》に言われた「神様の悪口を言うのはやめて」という言葉

斎藤　野坂大先生は、幸福の科学の本を読まれたことはございますか。

野坂昭如　そらあもう（笑）、山のように、そら……。まあ、「読んだ」と言うと悔《くや》しいから、「眺《なが》めた」か。嫌《いや》なやつが献本《けんぽん》してくることもあるし、手には入るわなあ。

斎藤　では、先生のお手元《てもと》にはございましたか。

野坂昭如　ああ、いっぱい積み上がって……。「（幸福の科学の）悪口を書いてくれ」って言ってくる週刊誌だとか、いろんなところがいっぱいあったけど、ものすごい我《が》慢《まん》してやったんだ。九十九パーセントは我慢したんだよ、わしは。一パーセントぐらいは言うたけど、九十九パーセントは我慢して、二十何年、我慢したんだぜ。

里村　確かに、そうでしたね。

野坂昭如　佐高信《さたかまこと》あたりは、ときどき悪口を言うとるけど、あんなのはわしの本当の悪口の百分の一も言うとれへんわ。
ほんとは言いたいことが山のようにあったんだけど、やっぱり、金儲け能力だけは本物だからなあ、大川。それに対しては、直木賞作家はものが言えんから、やっぱり、芥川賞《あくたがわしょう》作家が言わないかんわなあ。

里村　その九一年以外は、二十数年間、本当にそれほど発言されずにいらっしゃいましたね。

野坂昭如　我慢しとったんや。ずーっと。

松本　どうして我慢されていたのでしょうか。

野坂昭如　いや、娘《むすめ》が言うからさあ。

斎藤　娘様が、お二人いらっしゃいますよね。

野坂昭如　うん。娘がなあ、「相手は神様だから、悪口を言うのはもうやめて、パパ」って言うからさあ。

斎藤　ああ。娘様が、そのように〝言論の統制〟（笑）、制御《せいぎょ》をされた？

野坂昭如　うーん、いやあ、わしはそんなのを認めた覚えはないけど、娘が言うからさあ。まあ、もし、娘に何か悪さをされたら困るからさ。

里村　いや、そんなことはないですけれども。

野坂昭如　おまえらはやるかもしれないから、娘への（悪さ）、なあ？　やっぱり、将来のために、親として我慢をしてやったのよ。わしは平気だけどなあ。権力者を批判するのは何とも思っとらんけど、娘はちょっとだけ困るから。

まあ、娘が泣くように言うからさあ。「神様に対して、こんなことを言ったら罰《ばち》が当たるから、やめてちょうだい」って言うんでなあ。チッ（舌打ち）。ほんとに、もう。

斎藤　はあ。娘様は、確か、宝塚《たからづか》（歌劇団《かげきだん》）のほうにも関係している方だと思いますけれども、幸福の科学について、「（大川隆法総裁は）神様だから、お父さんはそういうことをやったらいけませんよ」というような趣旨《しゅし》のことを言われたということですよね。

野坂昭如　そうなんだよなあ。まあ、だけど、おまえらは、若い者をたぶらかすのがうまいんだよなあ。

斎藤　（笑）いや、そうではなくて。では、娘様は幸福の科学の言うことを信じておられるんですね。

野坂昭如　わしらぐらいの年になったら、もう、騙されない。だから、あんな同《おな》い年の渡部昇一《わたなべしょういち》みたいなのを、神様みたいに持ち上げるんじゃないよ。わしのほうも同じように、もっとガーッと持ち上げんとあかんねや。

里村　いやいや、野坂先生も、台本を書かれたりと、いろいろなかたちで〝たぶらかし〟のほうはすごく上手ですから。

野坂昭如　いやいや。しかし、大川隆法がわしを尊敬したっていう話は、寡聞《かぶん》にして知らんなあ。まったく聞いたことがないなあ。

「かわいそうな景山民夫《かげやまたみお》を救ってあげようと思った」？

里村　娘さんに（幸福の科学の悪口を）止《と》められたということもありますし、二十数年前の景山《かげやま》さんとの対談のあとには、「景山さんのような無垢《むく》な精神がうらやましい」とも……。

野坂昭如　無垢？　無垢っていうのは、それはまあ、冗談《じょうだん》だよ、半分はな。四十過ぎて無垢っていうことはないでしょう、ほんとに。

里村　私も実際、対談を終えた直後に景山さんから話を聞いたのですが、本当に心情が出ていましたし、野坂先生が少し……。

野坂昭如　おまえ、かなりの〝古狸《ふるだぬき》〟なんだなあ、ほんとに。

里村　いえいえ。

野坂昭如　そんなときからいるんか。古狸だなあ。

里村　ええ。おりますけれども（笑）。

ただ、そのとき、景山さんも涙《なみだ》ぐまれたけれども、野坂先生も、うっすらと涙ぐまれていたという話も……。

野坂昭如　いや、それは何か、景山がかわいそうでなあ。「かわいそうに、路頭《ろとう》に迷うて、こんなになってもうたか」と思うてなあ。何とか救ったろうと思ってさ。バカが。作家がさあ、大出版社の講談社に向かって戦いを挑《いど》むなんて、自殺じゃないか。風車《ふうしゃ》に向かって突撃《とつげき》するドン・キホーテや。だから、「アホなことはやめろ」って言ったのよ。先輩《せんぱい》として、「作家の身の程《ほど》をちゃんとわきまえろ」って、ちょっと意見を言ってやりたかった。救ってやりたかったのにさあ。

「主持《しゅうも》ちの小説家」なんていうのは、そんなの格好がつかんじゃないか。作家っていうのは、やっぱり反体制っていうのが基本路線で、それが主流《しゅりゅう》だからねえ。

里村　まあ、日本の文壇《ぶんだん》では、そういう傾向《けいこう》がありますけれどもね。ただ、「海外の作家まで入れると、はたしてそうか」というのは、何とも言えない観点もあると思います。

松本　景山さんが、自分の生活の糧であるような大出版社に突進《とっしん》していった、その純《じゅん》粋《すい》さに、少し心を打たれたところがあったのではないですか。

野坂昭如　いやあ、彼は、そのあと〝丸焼け〟じゃんか、なあ？　〝豚《ぶた》の丸焼き〟にされて。やっぱり、あの〝祟《たた》り〟を見りゃあ、（幸福の科学が）悪い宗教だった可能性もあるじゃないか。

松本　いいえ、そんなことはございません。

野坂昭如　あのとき、幸福の科学をやめとれば、助かったかもしらんねえ。

●景山民夫氏の死　1998年1月26日深夜、小説家・景山民夫氏が自宅で火災に遭い、亡くなった。原因はタバコの不始末だとされる。『小説家・景山民夫が見たアナザーワールド』（幸福の科学出版刊）参照。

里村　いえ、ご本人は、霊界《れいかい》から、「文字どおり完全燃焼でした」とおっしゃっていましたから（笑）（『小説家・景山民夫《たみお》が見たアナザーワールド』〔幸福の科学出版刊〕参照）。

野坂昭如　そんな……（笑）。（里村に）それは冗談が過ぎるでしょう。〝お笑い芸人〟が！　ほんとにもう……。「完全燃焼」か（笑）。まあ、わしもよう〝完全燃焼〟せないかんなあ、ほんま。

里村　（苦笑）

野坂昭如　ちゃんと焼いてくれんと、あなた。

『小説家・景山民夫が見たアナザーワールド』（幸福の科学出版）

4　作家として政治家として、野坂氏が目指したものとは

野坂昭如氏が政界に出た理由とは

斎藤　今日は、野坂先生に完全燃焼していただきたいなと思いまして。

里村　不完全の部分がおありであれば……。まあ、先ほど、「金儲《かねもう》け」というお話がありましたけれども。

野坂昭如　まあ……。

里村　では、少し角度を変えます。なぜ、政治家になられたのですか。

野坂昭如　やっぱり、「権力を持ってる者に対してペンで挑《いど》む」っていうのは、作家としてのロマンでしょう？

とにかく、「焼跡闇市派《やけあとやみいちは》」はねえ、「政治家に騙《だま》されて、国民があんなに困窮《こんきゅう》して、悲惨《ひさん》な目に遭《あ》った」ということを原点にして、ペンでもってだねえ、そういう権力者の腐敗《ふはい》や、道をそれていくやつを糾弾《きゅうだん》するっていう……。まあ、民《たみ》を迷わせないように、事前に救うことが大事なんでねえ。

預言者《よげんしゃ》のように、「神の声が聞こえた」っていうんじゃなくて、ペン一つでなあ、原稿《げんこう》用紙で戦うっていうのは作家の原点なんだから。そうだろう？

だから、わしも〝救世主〟なんだ。

里村　ですから、その「ペンで、原稿用紙に」という舞台《ぶたい》から、実際に政界のほうに出られたのには、どういうご意図《いと》があったのですか。

野坂昭如　いやあ、やっぱり能力が〝超《こ》えて〟なあ。実際に、社会実践《じっせん》活動をやってみたかったんだなあ。
巨悪《きょあく》がまた成長して、日本がまた尊大な思いを持って拡張《かくちょう》して、世界を間違《まちが》ったイデオロギーでもって迷わそうとするんじゃないかっていうことに対して、事前に牽制《けんせい》をしとかなきゃいけないっていうのかなあ。

斎藤　やはり、あくまでも「反戦の思い」が強いということですね。

野坂昭如　それは、そうだよ。

斎藤　その気持ちが、今、燃えたぎってしまって……。

野坂昭如　いや、別に、わしの田中角栄《たなかかくえい》批判が、当時の世論《せろん》とかマスコミの意見とかから完全に離《はな》れとったわけではないんであってなあ。
あのねえ、朝日新聞みたいな大新聞だって、当時は総力を挙げてだねえ、「新潟《にいがた》三区から田中角栄立候補」っていうのに対して、「民意はバカか」というように愚民視《ぐみんし》して書くほど、日本の知識人の常識から外れたような、あんな……、まあ、牢屋《ろうや》からの出馬みたいな？　「もういいかげんにしろ！」っていうような状態だったからねえ。

里村　うーん。

野坂昭如　ロッキードだか何だか知らんけど、ほんっとさあ。いやあ、もう、「切腹《せっぷく》して死ね！」っていうところだ。やっぱり、一作家として立ち上がりたいわなあ。

野坂昭如氏が考える「自由」とは

野坂昭如　まあ、そういう気持ちはあったんだけど、人気がちょっとなかった。顔が悪いのは、生まれつきだからしょうがないけどもなあ。もうちょっと二枚目に生まれとったら、もっと人気が出たのになあ。

里村　でも、野坂先生には、「元祖《がんそ》プレイボーイ」など、いろいろな話もありましたから。

野坂昭如　プレイボーイっていうのは、それは別の、下半身の問題だからさあ。下半身は頑強《がんきょう》だったんだけども、上がねえ、大したことなかったからなあ。

里村　「無頼派《ぶらいは》」などといわれて、戦後の暴《あば》れん坊《ぼう》の多い文壇《ぶんだん》の先頭を行かれています。

野坂昭如　何てことを言うてるの。あんたねえ、戦後、食糧難《しょくりょうなん》の時代を生きることのみを考えて、清貧《せいひん》の思想のなかを生きた私が、そんな、プレイボーイのなかに埋没《まいぼつ》するなんていうことはないでしょう。

斎藤　ただ、野坂先生には、一九六三年の日本レコード大賞において童謡賞《どうようしょう》を取られた、「おもちゃのチャチャチャ」という作品がありましたけれども、同時に、『エロ事師《ごとし》たち』という小説で……。

野坂昭如　ヘッヘッヘッヘッヘッ……（笑）。君、そんなところを攻《せ》めてきて……。

斎藤　いや、いや、いや、いや！

野坂昭如　（斎藤を指して）おまえ、意外に年寄《としよ》りやろうが。ええ？

斎藤　いえ、野坂先生がデビューした世代が……（苦笑）。

野坂昭如　（斎藤にマイクを向けるしぐさをしながら）おまえ、実年齢《ねんれい》を語れ。

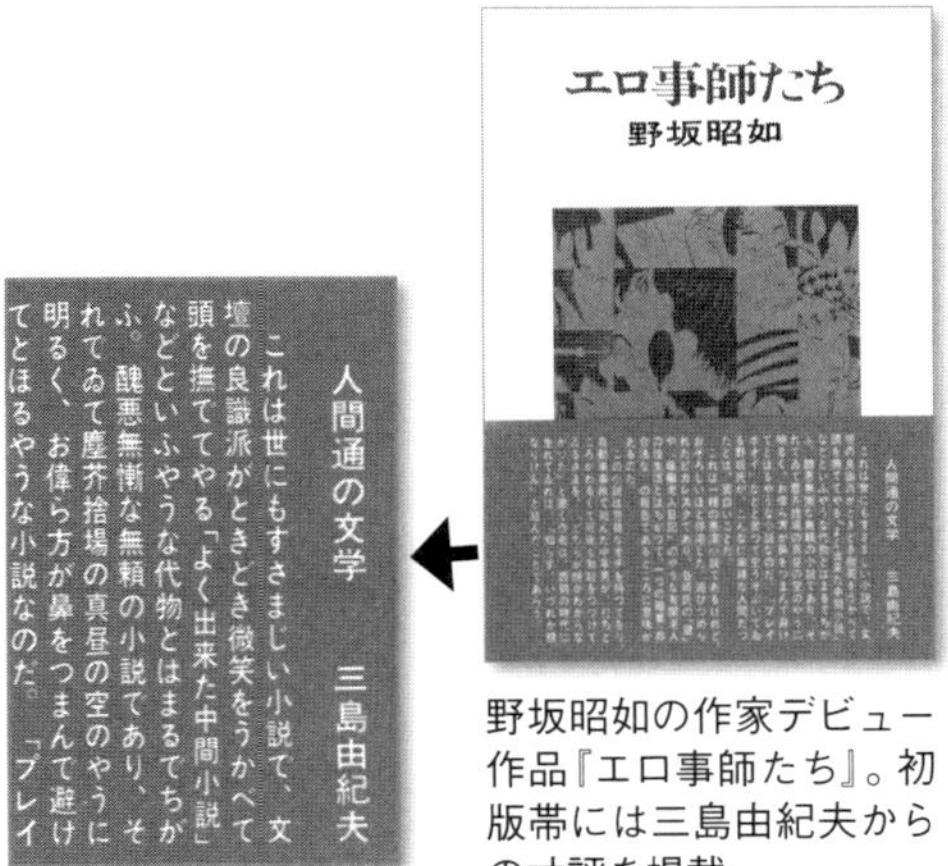
エロ事師たち
野坂昭如
人間通の文学　三島由紀夫
これは世にもすさまじい小説で、文壇の良識派がときどき微笑をうかべて頭を撫でてやる「よく出来た中間小説」なとといふやうな代物とはまるでちがふ。醜悪無慚な無頼の小説であり、それでゐて塵芥捨場の真昼の空のやうに明るく、お偉ら方が鼻をつまんで避けてとほるやうな小説なのだ。「プレイ

野坂昭如の作家デビュー作品『エロ事師たち』。初版帯には三島由紀夫からの寸評を掲載。

斎藤　いや、いや。何を言っているんですか。そんなの、分かるではないですか。とんでもございません！

野坂昭如　若く見せとるけど、ほんまは、もうちょっと行っとるだろうが。ええ？

斎藤　要するに、野坂先生にはプレイボーイの面もありましたし……。

野坂昭如　おまえの年齢で知っとるはずがないんや、そんなこと。

斎藤　いや、いや（苦笑）。先生、ちょっと待ってください。

野坂昭如　そんなはずがない。そんなこと知らんはずだ！

斎藤　いや、いや。とにかく、野坂先生は、そのように「いろいろな世界」をお持ちでいらっしゃいましたし、わりと、お酒やプレイボーイの……。

野坂昭如　それはなあ、まあ、「清貧の思想」とは別のことで、わしはなあ、一切《いっさい》の情報公開ということに対して、非常に関心を持っとったからな。

里村　ええ。

野坂昭如　ここの総裁も、最近、ええこと言ってるなと思うとったんだ。「自由の哲《てつ》学《がく》」を説いてるよなあ。

里村　はい。

野坂昭如　「自由を創設《そうせつ》する」。これは、実にいいことだ。

だから、「今日みたいに検閲《けんえつ》するな」と言うて、怒《おこ》っとるわけやからさあ。わしの顔の写真を隠《かく》すっていうのは、検閲やから。事前検閲やんか。そういうのは駄目《だめ》だ！　絶対、駄目だ！

斎藤　でも、先生の自由とは、「自由にすべてやってしまう」という自由ですよね？

野坂昭如　うん。まあ、それも入っとるよ。でも、それはしかたない。検閲したら自由じゃなくなるんだから。すべてをやらせた上で、それで選ばないと……。

斎藤　「奔放《ほんぽう》にすることが自由だ」ということですよね？

野坂昭如　「奔放」っていう言葉を使うなよ、わしに対して。

斎藤　えっ、あっ、すみません。

野坂昭如　わしは奔放じゃないよ。

斎藤　ほう。

野坂昭如　そういう「権力による抑圧《よくあつ》」の鼻を明かしてやりたいっていう気持ちがあるだけであって。

野坂昭如氏は「早すぎた予言者」なのか

里村　そういう目で見ると、先生の一生というのは、かなり本懐《ほんかい》を遂《と》げてきた人生ではないかと思うのですが。

斎藤　われわれには、やることをすべてやってきているような感じに見えますよ。

野坂昭如　政府や裁判所が善悪を決めるなっていうわけよ。

里村　そうですね。最高裁まで……。

野坂昭如　最高裁なんかがさあ、なんで、わしのほうが有罪なんて……。こんなねえ。だって、今の判断から言ったら間違っているだろう? 今はもっと出放題《でほうだい》だろうが、何でも。出放題で、見放題やろう? わしらのは小説のレベルやからな（注。一九七三年、野坂氏が編集長を務めていた月刊誌「面白半分」に掲載した『四畳半襖《よじょうはんふすま》の下張《したばり》』（永井荷風《ながいかふう》著）が、「わいせつ文書の販売」違反に問われて起訴され、七六年に東京地裁にて有罪判決。八〇年に最高裁は上告を棄却《ききゃく》し、有罪が確定したことを指す）。

斎藤　ああ。

野坂昭如　それを、わいせつだなんだと言ったのを、今に換《か》えてみれば、これはまったく間違いやろうが。
権力は全部、必ず腐敗するんだ。だから、いつも叩《たた》いとかなきゃあかんのだ。

里村　まあ、見方を変えれば、「早すぎた」、あるいは「先を行きすぎていた」のかもしれません。

野坂昭如　ああ、そうだ。（私は）「早すぎた予言者」なんだよ。そのとおりだ。

里村　それは、確かにあるかもしれません。

5　幸福の科学という宗教をどう見ているのか

「著作二千冊突破《とっぱ》記念パーティー」が野坂昭如霊《れい》の成仏《じょうぶつ》を妨《さまた》げている？

里村　まあ、もちろん、裁判所の評価とか、世間《せけん》の評価とか、いろいろとあっても、野坂先生の人生を見ると、普通《ふつう》は、「作家が、ときどき政治家になったりしている。こんなふうに生きてみたいなあ」と思うでしょう。

ですから、ある意味で、もう思い残すこともないような人生だったのではないかと思うのですが。

野坂昭如　思い残すことはあるよ。

里村　ほう。

野坂昭如　この前なあ、ある人がなあ、「二千冊突《とっ》破《ぱ》記念パーティー」を開いたんやってさあ。

斎藤　ああ。記念パーティーですか。

野坂昭如　そんなの開かれたら、成仏《じょうぶつ》できんやないか！　ええ？　他人《ひと》の成仏を妨《さまた》げるなよ。

斎藤　確かに、十一月二十五日に、「『正義の法』発刊　大川隆法著作二千冊突破記念パーティー」が都内で開かれました。

野坂昭如　八十五歳《さい》にもなって、それに届かない人

2015年11月25日、東京・如水《じょすい》会館で「『正義の法』発刊 大川隆法著作2000冊突破記念パーティー」を開催し、マスコミの囲み取材で語る著者（上写真）。その模様が各紙で報道された。

がおるんでさあ。ええ？

斎藤　野坂先生は、先ほど、「一九九一年から、ずっと我慢《がまん》していた」というお話をされていましたが……。

野坂昭如　おまえねえ、もうちょっと直木賞《なおきしょう》とか、芥川賞《あくたがわしょう》とかに対して敬意を払《はら》ってなあ、宗教の教祖は土下座《どげざ》しろよ。

里村　いえ、いえ。

斎藤　大川隆法総裁の書籍《しょせき》は九一年ごろ初版七十万部刷ったこともあったということで、生前、野坂先生は、その広告を見てずっこけて驚《おどろ》いておられたそうですね。

野坂昭如　いや、ずっこけてないよ！　腹が立っただけであって……。

斎藤　「わしは直木賞作家なのに、初版は七千部だ。なのに、なんで七十万部なんだ」というような感じだったということを言われていましたけれども。

野坂昭如　ずっこけてないよ。

いや、金の力に頼《たよ》ってやっとるのが……、札《さつ》びらでバシバシッと頬《ほお》を叩《たた》いて、新聞社を跪《ひざまず》かせてるのが、腹が立つわけよ。

里村　いや、いや（笑）。決して、そういう力ではありません。

野坂昭如　わしの〝大小説〟は七千部しか初版を刷らんくせにさあ。七十万部とかいって広告を載せるっていうのは、札束《さつたば》でバンバンに叩かれたに違《ちが》いなしやから。

里村　いえ。それは、札束の力などでは全然なくて、要するに、ファンの数の問題ですから。

野坂昭如　講談社があまりに情けなかったんで。とどめを刺《さ》したらよかった、ブスッと。〝ドラキュラ〟が二度と息を吹《ふ》き返せんように。

斎藤　ああ、ようやく分かりました。

野坂昭如　あ？

斎藤　野坂先生は、一九九一年から大川隆法総裁に注目していて、当時も、七十万部と七千部の対比があったのですけれども、今また、十一月二十五日に「著作二千部突破記念パーティー」があって……。

里村　（斎藤に）二千冊ですね。

斎藤　あの、「著作二千冊突破記念パーティー」ですね。

野坂昭如　「二千部」ぐらいだったら、わしは嫉妬《しっと》せんねえ。そのくらいならいいよ。許したろう。

斎藤　（苦笑）「著作二千冊突破記念パーティー」があって、それをいろいろ見て、また最近、心がムラムラッときたということでしょうか。ここが不成仏《ふじょうぶつ》な感じなんですね？

野坂昭如　うーん、いやあ、やっぱり許せんなあ！　やっぱり許せんわあ。

斎藤　ああ、ここですか。

野坂昭如　うん。やっぱりねえ、景山君《かげやま》があの世へ行ったんだったら、（大川総裁にも）後追い自殺してもらいたかったなあ。

里村　野坂先生の本は、本当にタイトルが〝キャッチー〟で、私はすごくいいなと思うのですが、確かに、いわゆる大ベストセラーというような、そういうところではないように感じます。その分を、活動の幅《はば》で補われたのでしょうか。

野坂昭如　いや、まあ、おまえらみたいに、嘘《うそ》をつくのがうまくないからさあ。

斎藤　いえ、いえ。

野坂昭如　俺《おれ》は正直だから。正直なもんだから、売れないんだよ。

純粋《じゅんすい》さを指摘《してき》され、照《て》れ隠《かく》しでまくし立てる野坂昭如氏

斎藤　先ほど、野坂先生の『エロ事師《ごとし》たち』を挙げてしまい、失礼な話だったのですが（苦笑）。

野坂昭如　もう、何回も出すなよお！

斎藤　ほかにも、『火垂《ほた》るの墓《はか》』など、いろいろ……。

野坂昭如　『火垂るの墓』は、おまえらのところの若手の信者たちも、知らずに映画をいっぱい観《み》とるらしいから、まあ、よかったじゃないか。

斎藤　『火垂るの墓』も有名な話ではありませんか。映画もテレビで放送されていますし……。

野坂昭如　うん。

斎藤　ただ、野坂先生の作品のもう一つの面として、戦争の童話集などがあります。このように、童心《どうしん》に返った非常に純粋《じゅんすい》な気持ちというものも、作風スタイルにあると思うのですけれども。

野坂昭如　おまえら、みんな、狸《たぬき》や狐《きつね》ばっかりやなあ。

斎藤　（笑）いや、いや、そんな……。

野坂昭如　口のうまいのが、おまえ。

斎藤　『エロ事師たち』とともに、もう一つ、そのような、非常に宗教的な気持ちになっているものがありますからね。

野坂昭如　（斎藤を指して）おまえ、噺家《はなしか》出身とちゃうの？

里村　われわれからすると、逆に、むしろ野坂先生のほうが、無頼派《ぶらいは》などを装《よそお》いつつ、実は、「無垢《むく》な部分」を隠《かく》していたのではないかと思うのですが。

松本　そう感じますね、非常に。

野坂昭如　いやあ、そういう売れないものを出すために、ちょっと資金を稼《かせ》がないかんから。まあ、片手で、ちょっとは売れそうなものを出しながら、ほんとは、「もっと純粋ないいものを出したい」っていう気持ちもあったことはあったがな。

里村　以前、景山さんが野坂先生について、「すごい恥《は》ずかしがり屋だ」「照《て》れ屋だ」

とおっしゃっていたんですよ。だから……。

野坂昭如　照れ屋なんて、景山のことだろう。

松本　サングラスも、照れているから……。

里村　そう！「サングラスも外せない」って……。

野坂昭如　いやあ、それは二枚目じゃないんだから。

斎藤　いや、先生、（「おもちゃのチャチャチャ」の冒頭《ぼうとう》を歌って）「おもちゃのチャチャチャ。おもちゃのチャチャチャ。チャチャチャ、おもちゃのチャチャチャ」。これは全国民がみんな誰《だれ》でも知っています。これは、すごく純粋な歌です。みんな覚えています。

野坂昭如　そういう作詞・作曲をする人は、もう早死にせないかんな。長生きしたらいかんのや。

斎藤　いや、でも、普通、こんな言葉は出てこないですよ。

里村　ですから、いろいろなかたちで活動されたなかに、「非常に純粋なもの」があったのではないかと思うのです。

野坂昭如　チェッ（舌打ち）。何だかおまえら、気持ち悪いなあ。

斎藤　いや、いや、いや。われわれも、いろいろな〝生命体〟であって、さまざまな〝質感〟を持っていますから（笑）。

野坂昭如　さっきから、なんか虫唾《むしず》が走るっていうか……。

「わしの人生そのものが〝救世〟の人生だ」

松本　野坂先生は、お若いころ、禅寺《ぜんでら》で修行《しゅぎょう》をされたことがありますよね？

野坂昭如　……。

斎藤　あっ！　だんだん、魂《たましい》の生地《きじ》が浮《う》かび上がってきましたね。

野坂昭如　何か嫌《いや》なことを、いろいろ言うやつ……。

斎藤　つまり、宗教的な気持ちがあったから、禅寺に参禅されたということではありませんか。

●禅寺で修行　野坂昭如氏は大学時代（早稲田大学文学部仏文科在籍中）に、新潟の禅寺・大栄寺で修行したことがある。

野坂昭如　うーん……。

松本　やはり、そこで、何か感じられたことがあったのではないですか。

野坂昭如　うーん……。おまえらの仏教はインチキだと思ってんだけどなあ。仏教は、だから諸行無常《しょぎょうむじょう》よ！　なあ？

里村　そうすると、やはり仏教思想に惹《ひ》かれるものがおありなのですね？

野坂昭如　いや、別に仏教思想でもないけど、やっぱり、ある意味じゃあ、「俺は、ほんとに救世主じゃねえか」と思ったときがあるからなあ。

里村　それは、どういうときにですか。

野坂昭如　いやあ、だから俺の人生そのものが、「地獄《じごく》の底を経験した日本人を、原点を忘れさせずに、いい方向に伸《の》ばしていこう」という、そういう健全な作家意欲でもってなあ……。

松本　「人を救いたい」という気持ちがあったのですね。

野坂昭如　まあ、それはそうだよ。わしの人生そのものが〝救世〟の人生だ。

斎藤　確かに、「世をよくしたい」とか、「浄化《じょうか》したい」とか、「権力を持つ者に対して、弱き者の気持ちを訴《うった》えたい」とか、そういう気持ちは考えられますね。

野坂昭如　うーん。そうなんだ。

「幸福の科学は弱者を見捨てる宗教」と誤解している野坂昭如氏

野坂昭如　それに対してだなあ、おまえらは、「宗教のアンチテーゼ」みたいな宗教をつくりよったよなあ。宗教であってはならない……。

斎藤　それは、作家的な見地《けんち》ですね。

里村　ぜひお聞かせください。

野坂昭如　だから、宗教は、戦後以降も戦前も、「貧《ひん》・病《びょう》・争《そう》」を治すために戦う。弱者の味方が宗教なんだ！

里村　はい。

野坂昭如　だけど、おまえらは、弱者を見捨てて、強者の味方になるっていう宗教を開きおったから、これが腹立つわなあ。

斎藤　（苦笑）それは語弊《ごへい》がある言い方です。

里村　当会は、弱者を見捨ててはいませんよ。私たちも、いろいろと行《おこな》っています。

「自殺を減らそうキャンペーン」であったり、「いじめをなくそう」という活動の支援《しえん》（いじめから子供を守ろうネットワーク）であったり、あるいは、ハンディキャップをお持ちのお子さんを助ける活動（「ユー・アー・エンゼル！」運動）であったり、いろいろ行

幸福の科学グループのさまざまな社会貢献活動

幸福の科学グループでは、自殺防止を呼びかける「自殺を減らそうキャンペーン」（上）や、一般財団法人「いじめから子供を守ろうネットワーク」（上左）の活動支援、また、ハンディキャップのある子を支援する「ユー・アー・エンゼル！」運動（下左）をはじめ、さまざまな社会活動を行っている。

happy-science.jp/activity/outreach/

っています。また、海外でも、いろいろなかたちでやっています。学校をつくったり……。

野坂昭如　それは〝粉飾《ふんしょく》〟だろう？　ちょっと外向けにやって、マスコミを操作するためにやってるんだよ。

里村　いえ、いえ！

松本　弱者も強者も、救うんです。

野坂昭如　もう本心は見え見えやねん。

里村　マスコミも知らないところで、例えば、学校で、いじめ対策の講演活動をしたりもしています。

野坂昭如　（里村に）宗教家なら、もうちょっと痩せ細《やほそ》ってなきゃいかんのに、おまえ、そんなに食《く》らい肥えてるのを見たらさあ、重役椅子《いす》に座《すわ》って、たっぷり飯《めし》を食うて、総裁の知らんところで秘書を何人もはべらせて、ご飯《はん》を一日六食ぐらい食べとるんだろうが。

里村　いえ、いえ（苦笑）。とんでもございません。体質ですから（苦笑）。

斎藤　想像力によって、実物以上にひどい感じに言われてますが、心は純粋です。

松本　昔から、これですから。

野坂昭如　これは、生殖器《せいしょくき》が六個ぐらい付いてるような感じが……。

里村　いやいや、いやいや（苦笑）。とんでもないです。

斎藤　インドの神様ではないですから（苦笑）。

「野坂昭如氏の仏縁《ぶつえん》」を指摘《してき》する質問者

斎藤　（松本を指して）実は、この方は、野坂先生のご家族とご縁《えん》がありまして……。

野坂昭如　ううん？

松本　ええ。まあ、新潟《にいがた》出身ということもありまして、お兄様とも、何回かお会いしたことがあります。

斎藤　野坂先生の実のお兄さんが、質問者（松本）のお宅に行ったりしたこともあったようです。

松本　ええ。そのようなこともありました。

斎藤　縁があるんですね。

野坂昭如　そらあ、人類はたくさんいるからねえ。どっかで出会うことはあるさ。

斎藤　いえ。何が言いたいかというと、実は野坂先生にも、「仏縁《ぶつえん》」というものがおありなのではないかなと推察されるのです。

野坂昭如　うーん。（松本を指して）縁があるんやったらさあ、大川のところに来ないで、俺のところに来て、キャッチコピーを書けよ、おまえ（注。松本は、幸福の科学に奉職《ほうしょく》する前、コピーライターをしていた）。

松本　（笑）

野坂昭如　縁があるんやったら、こっちに来てやれよ。俺の本がもうちょっと売れるように、なんで頑張《がんば》らんのや、おまえ。ええっ！

斎藤　（笑）先生、ちょっと、気持ちが高ぶってます。

野坂昭如　ええ？

斎藤　（諫《いさ》めて）少し高ぶってます。ちょっと興奮してます。

野坂昭如　高ぶったか？　うーん。

大川隆法が「東大法学部出身」であることにこだわる野坂昭如氏

里村　先ほど、「幸福の科学は、宗教のアンチテーゼ」というお話がありました。まあ、「弱者救済」という言葉もありましたけれども、逆に言うと、野坂先生のなかには、「理想的な宗教像」というものがおありなわけですね？

野坂昭如　チェッ（舌打ち）。いやあ、大川隆法ってさあ……。おまえら本当に弟子《でし》なの？　本当に弟子か？

里村　はい。

野坂昭如　まあ、本当はこういうのはねえ、おまえ、早く「火あぶり」にしなきゃいかん存在なのであってね。

斎藤　いえ、それは……。

野坂昭如　いや、おまえねえ、まあ、腹立って当然なんだよ。ええ？（大川隆法は）東大法学部を出た？

斎藤　はい。東大法学部です。

野坂昭如　うん。まあ、結構ですよ。それで、役人として安月給で、一生勤めてくれるんなら、それで結構ですわ。文句《もんく》ありません！　私は文句ありません！　だから、まあ、検事だか裁判官だか、なりたけりゃ、どうぞなってくれても結構ですよ。

斎藤　はい。

野坂昭如　それなのに、東大法学部を出てねえ、そんな、ベストセラーを出しまくってねえ、宗教の教祖をやって、金を儲《もう》けまくってねえ、大勢の信者をいっぱい組織化してねえ、惑《まど》わせつつ、「世界にまで影響《えいきょう》を与《あた》えます」っていうのは、これはもう、ヒットラーを超《こ》えようと思ってる野心は見え見えなんだからさ。

こういう野心家はねえ、やっぱり、ペン一本で倒《たお》さなきゃいかんのよ、本来は。

里村　決して、大川総裁はそうではないのですけれども、今、野坂先生がおっしゃったことが、実はある意味で、野坂先生の「理想型《けい》」であって、それをやりたかったということですか。

野坂昭如　「理想型」って、いや、（大川隆法は）日本人をたぶらかす条件を十分持っとるわなあ、一通《ひととお》り。

これでたぶらかせんかったら、よっぽどの間抜《まぬ》けだわなあ。絶対、「たぶらかせる条件」が揃《そろ》っとるから、かなりのところなあ。

里村　そうすると、野坂先生は、もっと個人としての影響力を持ちたかったということでしょうか。あるいは、たぶらかしたかったと？

野坂昭如　うーん。まあ、（大川隆法が）もうひとつ、サングラスをかけんかったら人前《ひとまえ》に出られんぐらいの顔だったら、もっとよかった。

チッ（舌打ち）。ああ、悔《くや》しい。悔しいが……。

里村　悔しい？

斎藤　やはり、気持ちのなかに、「悔しさ」というものがあるんですかね。

野坂昭如　おまえらねえ、いや、新潟人がさあ、そんなへこへこするなよ。おまえ、新潟に帰って、もう、稲《いね》でもつくれよ！　ほんとにもう、ええ？

里村　いや、それも素晴《すば》らしい仕事ですけれども。

野坂昭如　おまえなあ、あのねえ、「長いものに巻《ま》かれる精神」っていうのはねえ、まあ、「保守」という言葉で言われることもあるけど、そういうのはねえ、もう、〝チープな哲学《てつがく》〟なんだよ。それを分かってないのか。ああ？

松本　われわれは、「純粋な理想」を持って活動しているだけなんですよ。

野坂昭如　おまえ、金の匂《にお》いがしたら、そこへ〝泳いで〟いってるんだ（右手で魚が泳ぐしぐさをしながら）、ワーッと。金の匂いがするとね。

松本　いえ、「純粋な理想」ですよ。

野坂昭如　わしのところに来たって金にならへんから、ほかのところに来てんのや。

松本　いえ、いえ。それは違います。

野坂昭如　わしだって理想を追求しとんだ。

宗教の理想について説明するも、「金のため」とこき下ろす野坂氏

里村　先生、こう申しては何ですけれども、こちらにいる斎藤や、われわれもそうでしたが、まだ、幸福の科学がはたしてどうなるか分からない初期のときに、まさに、そうした理想などを持って集まったのです。

松本　景山（民夫《たみお》）さんもそうでしたよね。

野坂昭如　（斎藤を指して）売れない絵描きが、パトロンを探して、早いうちに見つ

けたんだ。

斎藤　（笑）それは、パトロンは探しましたよ。ええ（苦笑）。

野坂昭如　おまえ、頭ええよ。それはええわ。頭がええわ。

斎藤　それは、ひどい話ではありませんか（笑）（会場笑）。

野坂昭如　（日本画家の）平山郁夫《ひらやまいくお》みたいになれないのは、そんなん、最初から分かっとったやん、なあ？　二十代で分からんわけがない。

斎藤　（笑）いや、いや。平山先生とは、（東京芸大の）エレベーターで一緒《いっしょ》になったことぐらいでしか、そんなもの、会ったことないですしねえ、ええ（苦笑）。

野坂昭如　もう、絶対、そうなれないのは分かっとった（会場笑）。

里村　まあ、まあ（笑）。

野坂昭如　あんな、絵一枚、何億円……。

斎藤　またそんな、やめてください、先生。こんなところで（会場笑）。ここは、公共の場なんですから。

野坂昭如　ええ？　絵を一枚描いて何億円にもなるんやったら、絶対、宗教には来てへんよ。なれんの分かっとるからさ。

斎藤　いえ（笑）。個人の話はやめておいてくださいよ、もう。作家は怖《こわ》いですねえ。こうやってペラペラペラペラ、あることないこと、しゃべるんだから。

野坂昭如　上野《うえの》公園でさあ、似顔絵を描いて、一生過ごさないかんで（会場笑）。夜は、占《うらな》い師やな。

斎藤　変なことを繰《く》り返し言うんですね（苦笑）。

野坂昭如　占い師に化《ば》けて、手相を見て、それで稼《かせ》いで食う。これが人生や。もう、見えとったからさ。〝金のなる木〟を見つけて、逃《に》げ込《こ》んだんや。ああ?

里村　まあ、幾《いく》つか当たってる部分もあるかも分かりませんけど（笑）（会場笑）。

斎藤　その話題は、あまり引き伸ばさないようにしてください。

野坂昭如　ああ、まあ。冗談《じょうだん》はあるけど、九十九パーセントは本当だ。

里村　いや、いや（笑）。

斎藤　また、エッジの立ってることを言って。

幸福の科学を〝バブル教団〟とまくし立てる

里村　ただ、時計の針を戻《もど》すと、一九八〇年代の終わりの、日本がバブル崩壊《ほうかい》だというところで、私たちは何もなかったわけですよ。

野坂昭如　だから〝バブル教団〟やろ？　バブル崩壊のときに、〝バブル教団〟を始めたんだ。

里村　ほお。

野坂昭如　（大川総裁に対して）この「逆説男」は、何とも言えんわ。「ほんまに新聞を読んどるんか」と、世間の人はみんな思うたから。

少なくとも、知識人やマスコミ人が、連日「バブル崩壊」を伝えているようなころに、〝バブル教団〟バンバカやっとるんで。もう、おまえらは本当に正反対。世間の正反対だな。

里村　それもまた、悔しさがあるのではないですか。つまり、「バブル」というのであれば、バブルで、泡《あわ》が弾《はじ》けて終わっているはずです。ところが、幸福の科学は、来年三十周年になるわけで、二十数年、このように活動を続けていますから。

野坂昭如　そうよ。「ほんまに、東大出てるんか」って訊《き》きたいよ。

だから、新聞を読んどるんやったら、「バブル崩壊は、善だ」ってマスコミはみんな声を出して言ってて。みんな、日本経済が沈没《ちんぼつ》していくのを、（手を叩きながら）拍手喝采《はくしゅかっさい》してたんだ。

里村　はい。

野坂昭如　ねえ？　（平成の）鬼平《おにへい》の●三重野《みえの》（康《やすし》）とかさあ、大蔵省《おおくらしょう》とか、なあ？

里村　はい。

野坂昭如　それから、まあ、総理大臣や大蔵大臣、みんなそうやけども、みんなでマスコミの声を聞き、国民の声を聞いてねえ。一部の資産家が、マンション転《ころ》がしだ、土地転がしだやって、金を儲けて、資産のないやつは、それで全然資産を増やせられないのに、金持ちは、もっともっと雪だるま式に金を増やした時期だろう？　こんな時代がいいわけないやん。これを潰《つぶ》そうとして、お上《かみ》が潰しに入った。

それで、（手を叩きながら）マスコミがやんやの喝采《かっさい》をしとるときに、〝バブル教団〟を始めて、「バブルの何が悪い」って開き直った。この開き直りに一部の人が追《つい》

●三重野康（1924 ～ 2012）　第26代日本銀行総裁。1989年12月に就任し、矢継ぎ早に公定歩合を引き上げ、いわゆる「バブル潰し」を行った。そのため、一部のマスコミから「平成の鬼平」と称賛された。『平成の鬼平へのファイナル・ジャッジメント』（幸福実現党刊）参照。

随《ずい》して、金儲けを手伝ったという、まあ、「なんと、世の中の裏を読むのがうまい」っていうのかなあ。なんか、それなあ。

松本　いえ。それは先見性の問題でしたよね。

野坂昭如　「人の行かない裏道こそ、金の道だ」って、まあ、「蛇《じゃ》の道は蛇《へび》」っていうのは、よう知っとるわなあ。

里村　先ほどから、野坂先生は、「全部、金儲け」というようにおっしゃっているのですけれども、まあ、先生から見たら、そのように見えるのかもしれませんが、われわれは、救済をするために活動しているわけです。

野坂昭如　あのー、だから、仲間としてはホリエモン（堀江《ほりえ》貴文《たかふみ》氏）とかさ、村上《むらかみ》ファンドの村上何とか（村上世彰《よしあき》氏）とかさあ、大川隆法なんて、これ、仲間よ。ほとんど一緒なんだ。

松本　いえ。全然違います。

野坂昭如　だけど、あとの二人はねえ、罪に問われたり、いろいろしたりして、やられながらさあ、ここはうまいこと逃げとるやないかあ。なんか、よう逃げて。ええ？

6　野坂氏の人生観・価値観を訊《き》く

「文学もマスコミも、嫉妬《しっと》が原動力」

里村　そうした、「うまいこと」というような言葉が出てくるのは、やはり、野坂先生のなかに、「もっとお金を稼《かせ》いで、うまく生きたかった」という思いが何かあるのではないでしょうか。

野坂昭如　だから、嘘《うそ》をつくなよな。

おまえ、『エロ事師《ごとし》たち』がどうのこうのとさっきから、なんか、変な、誰《だれ》も読んでない小説の話みたいなのをいっぱい出すけどさあ。もし、かつてわしがそういうものを書いていたとしてもねえ、まあ、読んでる人はいねえから、言ったってしょうがないけど、書いたとしても、それは、自分の人格の未熟なところというか、恥《は》ずかしいところを、こう（両手を広げながら）、恥部《ちぶ》を明らかにしてだね、「世間《せけん》に対して、正直にありたい」っていう願いの、作家としての良心の現れだよな。

里村　はい。

野坂昭如　一方、大川隆法は「講談社フライデー事件」でバンバンに叩《たた》かれまくって消えたかと思ったら、どっこい！　あっちにもこっちにも建物は建ててるわ、政党は始めるわ、学校はつくるわ、大学はつくるわ、ベストセラーをまた出し続けるわで。それに、（前の）奥《おく》さんに暴《あば》れられて、女性問題で叩きまくられて、まあ、わしやったら、女性の遍歴《へんれき》を小説に書いて売りまくるところを、そんなものは知らぬ存《ぞん》ぜぬで、ほんとに相手にもしないで、へっちゃらでやりまくる。

やっぱり、こんな権力者は、この日本の小さな世界で生かしてはいかんよ。〝大岡《おおおか》裁き〟でパシッとするなり、〝鬼平《おにへい》〟が出てきて取り締《し》まらなきゃいかんよ。警察は何してんだ！　ええ？

●講談社フライデー事件　1991年5月より講談社が「週刊フライデー」誌上などで幸福の科学を誹謗《ひぼう》・中傷し始め、同年9月、それに対して信者たちが抗議した出来事。

里村　そうすると、たいへん失礼な言い方ですけど、簡単に言うと、「嫉妬《しっと》」でございますか。

野坂昭如　あっ、そうです。まあ、嫉妬こそ正義ですから。

里村　おお。

野坂昭如　文学の原点は嫉妬ですから。

斎藤　なるほど。先生の価値観では、嫉妬が正義なんですね。

野坂昭如　嫉妬がなかったら、文学なんかありませんよ。

斎藤　だから、ここまで激しく出るんですね。

野坂昭如　文学は嫉妬ですよ。

松本　つまり、「上手にはできなかった」ということですよね？

野坂昭如　いや、人が下に落ちこぼれて苦しんでるのを書いても文学になるし、成功して、金儲《かねもう》けしたのも文学になるしな。上がったやつが叩き落とされるのを書いても文学になるし、地獄《じごく》の底から這《は》い上がっても文学になるし。

まあ、文学っていうのは、そういうところで、嫉妬が原動力だからな。

だから、マスコミも全部嫉妬で食ってんだよ。〝嫉妬の神〟っていうのはねえ、みんなを食わしてくれるんだよ。嫉妬さえ言っとけば正義が立つんだ。

だから、マスコミは全部嫉妬や。嫉妬を抜《ぬ》いたらマスコミなんて明日《あした》から書くことないよ。なーんにもない。事実だけだったら、そんなもんね、ファクス一枚あれば十分だ。

斎藤　「嫉妬はすべて悪い」と言ったら変でしょうし、夫婦《ふうふ》間やきょうだい間の嫉妬などはありますから、まったくのゼロではないんですけれども。

ただ、松下幸之助《まつしたこうのすけ》先生とかは……。

野坂昭如　「松下幸之助に嫉妬がない」ってのは、あんた、（松下幸之助に）インタビューしたことあるんか。

斎藤　いや、いや（苦笑）、それはありませんが……。しかし、松下幸之助さんは、生前、「嫉妬心は、きつね色に妬《や》くぐらいがちょうどよい」と言われていますよ。

野坂昭如　ええ？　嫉妬してるぞ、あいつだって。ソニーやシャープに対して、嫉妬してるに決まってるだろ。

斎藤　いえ、いえ。でも、野坂先生の嫉妬は、真っ黒焦《こ》げみたいな嫉妬なんですよね。

野坂昭如　真っ黒焦げ?

斎藤　きつね色ではなくて、〝真っ黒焦げチック〟になっていますよ。

野坂昭如　それはねえ、戦争期には〝黒焦げのおにぎり〟でもありがたいもんや。

斎藤　やはり、黒焦げまで行くレベルの嫉妬になると……。

亡《な》くなった妹のことを訊《き》かれて嫌《いや》がる野坂昭如氏

里村　先生の嫉妬の原点としては、例えば、妹さんが一歳《さい》四カ月で亡《な》くなられたこととか、そういうことが大きいわけでございますか。

野坂昭如　なんか変なところをくすぐってくるなあ、おまえなあ。

里村　いえ、いえ、いえ。

野坂昭如　いや、そういう話はあんまり好きではないんだ。

斎藤　でも、景山民夫《かげやまたみお》先生は生前に、「あなた（野坂昭如）が（天上界《てんじょうかい》に）還《かえ》ったら、妹さんとお会いできますよ」ということをおっしゃっていましたよ。

野坂昭如　いやーなことを言うなあ……。

斎藤　妹さんは、今の野坂先生のお姿を見ていますよ。

野坂昭如　おまえ、嫌《いや》なことを言うなあ。

里村　週刊誌では出ていませんでしたが、景山さんは、「野坂先生の後ろに妹さんの影《かげ》が少し視《み》えた」と言っていたのですけれども。

野坂昭如　ヘッ（笑）、（景山民夫は）ちょっと妄想癖《もうそうへき》があったんじゃないか？　ほんとな。

わしも、おまえ（里村）の後ろに豚《ぶた》が三匹《びき》ついてるのが見えるわ。なんや知らんが。

里村　いや、まあ、当然だと思いますけれども（笑）。それはいても不思議はありませんが（笑）。

野坂昭如　おまえの魂《たましい》のきょうだいだろう、きっとな。豚が三匹、カエルが二匹ついてんだ。

里村　ええ、ええ（笑）。……。まあ、それで私は結構です。

野坂昭如　ああー、絶句した、絶句した。それ見ろ、ハハハハハッ（笑）。

里村　いや、いや。どう言おうかなと、今、一瞬《いっしゅん》、数を勘定《かんじょう》したんですが（苦笑）。

死後二十一時間で大川隆法のところに来た理由とは

里村　それはさておき、野坂先生は亡くなられて二十一時間ですか？

野坂昭如　ああ。

里村　まだ、妹さんとかには会われていませんか。

斎藤　周りに、お知り合いの方や、お世話になった方、尊敬した方が来たりしていませんか。

野坂昭如　いや、私は〝正義の人〟だからね。自由になったら、まず大川隆法に〝一《ひと》言《こと》〟を……。

斎藤　いきなりですか？　いや、普通《ふつう》、死後二十一時間ぐらいで当会のほうに直接来るというのは、珍《めずら》しいなと思いまして。

野坂昭如　やっぱり、〝作家界の最高裁〟としてねえ、〝有罪判決を下《くだ》す〟必要があるの。

斎藤　死後二十四時間以内に、いきなり幸福の科学に来るというのは珍しいことです。

野坂昭如　いやあ、私がサッチャーやマンデラに比べて劣《おと》るっていうわけにもいかないからねえ（注。マーガレット・サッチャーは死後十九時間で、ネルソン・マンデラは死後六時間で公開霊《れい》言《げん》を行《おこな》った。前掲《ぜんけい》『サッチャーのスピリチュアル・メッセージ』、『ネルソン・マンデラ　ラスト・メッセージ』〈幸福の科学出版刊〉参照）。

松本　つまり、「人生のなかでいちばん気になっていた存在が、大川隆法総裁だった」ということですよね？

野坂昭如　うーん……。

斎藤　あっ、当たりましたね。

『ネルソン・マンデラ　ラスト・メッセージ』
（幸福の科学出版）

野坂昭如　いや、（大川隆法は）わしの価値観を根本《こんぽん》から否定しよったからな。

斎藤　えっ？　「根本から否定した」って、何がですか？　ぜひ、ご教示ください。

野坂昭如　だから、わしの『火垂《ほた》るの墓《はか》』が、映画とかいろいろヒットしてるときに、大川隆法なんか、どうせ観《み》た形跡《けいせき》もないわな、まったくな。知らん顔して、どんどんやっちゃってたわなあ。

松本　大川総裁に観てほしかったのですね？

野坂昭如　観てなかったんだろ。

斎藤　あっ、観てほしかったんですね。

野坂昭如　（大川隆法は）あんなものを観て泣いたりするような人間ではないんだ。面《つら》の皮は三センチぐらいあるわなあ、きっとな。ハッハッハッ。

里村　そうすると、その価値観というのはどういう価値観でしょうか？

野坂昭如　悪いものは全部無視するんだろう？

里村　無視ですか？

野坂昭如　残酷《ざんこく》なものや悲しいもの、失敗は無視して、金儲けにまっしぐらや。それを〝光明《こうみょう》思想〟っていうんだろう？

里村　いや、まったく違《ちが》いますよ。事実は逆で、大川総裁は、徹底《てってい》的にリアルな事実に基《もと》づいて、この世の苦《く》を見つめて、それを認め、そこからの発展を説かれています。

野坂昭如　そうかなあ？

松本　『火垂るの墓』は、ご自身のことを描いているとも言えますが、そのご自身のことを大川総裁に見てほしかったんですよね？

野坂昭如　いや、あの価値観が、文学の最高の価値観じゃないか。それが分かってもらえなかったっていうのは、やっぱり残念やなあ。

里村　つまり、野坂先生は「救ってほしかった」？

野坂昭如　いや、そんなこと……、個人的なことを言ってんじゃないよ。今日来たのは、君らに騙《だま》されてる全人類救済のために来たわけであってなあ。

要するに、戦争の悲惨《ひさん》さを知らない人たちが、自分らの「自由の哲学《てつがく》」を勝手にねじ曲げて、人々をたぶらかすことは、わしは許さないんで。たぶらかしつつ、金儲けするんだったら、もっと許せないんで。

だから、講談社事件あたりで刑務所《けいむしょ》でも入っとりゃあ、私は許してもええけど。

「人が焼夷弾《しょういだん》で焼け死ぬところを見なければ、甘《あま》い」

斎藤　ただ、先生の人生をいろいろ振《ふ》り返りますと、例えば、十六、十七歳の多感な時期に万引きをされたという……（注。「毎日新聞」二〇一五年十二月十日付夕刊より）。

野坂昭如　おまえなあ！（笑）

斎藤　（苦笑）いや、いや、いや、いや。それで、拘置所《こうちしょ》ではないですけれども……。

野坂昭如　その先生って、大川隆法先生か？

斎藤　いや、いや、いや、いや。そういうところに連れて行かれて……。

野坂昭如　ああ？　大川隆法先生が万引きしたか？

斎藤　違います。野坂先生に、そういうことがあったじゃないですか。思い出してください。

野坂昭如　おまえなあ！　公人に対して何ていうこと言うんだ。名誉毀損《めいよきそん》じゃん！

斎藤　違います、違います（苦笑）。ただ、本当の話なのでしかたがないじゃないですか。

野坂昭如　死者に対する名誉毀損ってのがあるのよ。おまえ、そんな冗談《じょうだん》を……。

斎藤　だから、先生が「赤裸々《せきらら》に」という態度で来られたので、私も心と心を合わせて、〝赤裸々に行こう〟と思ったわけなのですけれども……。

野坂昭如　ええ？　おまえの絵が一枚五十円で売れなかったからっていうのと一緒《いっしょ》にするなよ！

斎藤　いや、いや（苦笑）。また、そちらのほうに行く！（会場笑）

そうではなくて、何が言いたかったかというと、そういう心のひだのなかで、痛みとか、苦しみとか、失敗とかがいろいろあると思うのですけれども。

野坂昭如　おまえはボタンでも舐《な》めとれよ！　ほんまに（注。映画「火垂るの墓」で、主人公の妹・節子《せつこ》が、大好きなドロップの代わりに、おはじきを舐めていたシーンと掛《か》けていると思われる）。

斎藤　（苦笑）それはさておき、苦についてなのですが……。

例えば、大川隆法総裁も、二十代前半の体験で釣《つ》りをされた際、釣った魚を川に戻したときに、流れていく魚の無常な姿を見て、非常に心を打たれたことがおありだったと聞いています（『若き日のエル・カンターレ』〔宗教法人幸福の科学刊〕参照）。

野坂昭如　いや、それはいかん。生き物を殺したら、仏教の本旨《ほんし》には反するなあ。

斎藤　違います、違います。ポコンポコンと浮《う》いた魚を哀《あわ》れに思い、非常な悲しみを抱《いだ》かれたんですよ。

野坂昭如　やっぱり、それは殺生《せっしょう》の気《け》があったな。

斎藤　いや、いや、いや。どうして〝悪いほう〟に行くのですか（苦笑）。

そうではなく、大川総裁は、生物の死とか、小さな命が死んでいくところを見て、儚《はかな》さを感じられたのです。

野坂昭如　まあ、そんなの文学から見りゃあ、入り口レベルだな。大したことない。

斎藤　しかし、諸行無常《しょぎょうむじょう》の思いになったりされていますよ。

野坂昭如　やっぱり、人の死を見てないで、そんな魚の死ぐらいで諸行無常なんて、甘《あま》い甘い。人が焼夷弾《しょういだん》でバンバン焼けて死んで、「火だるま」になってるところを見なきゃ駄目《だめ》だから。

「幸福の科学のなかに『反戦の原理』を入れなさいよ」

里村　それでは、野坂先生の価値観を教えていただきたいのです。つまり、先生は……。

野坂昭如　うん？　だから、幸福の科学の原理のなかにね、前提の第一原理として「反戦の原理」を入れなさいよ。反戦……。

里村　「反省《はんせい》」は入っています。

野坂昭如　反戦、平和あってこその……。

里村　あっ、「反戦」ですか？

斎藤　「反戦の原理」ですね。

野坂昭如　「反省」じゃないよ、「反戦」だよ。何言ってるんだ。

里村　反戦はございますよ。もちろんです。

野坂昭如　反戦、平和。

里村　戦争は反対です。

「エロ」や「風刺《ふうし》」を認めないと、人は狂信《きょうしん》・妄信《もうしん》に走る？

野坂昭如　反戦、平和、エロ万歳《ばんざい》！

斎藤　いや、ちょっと……（苦笑）。

里村　「エロ万歳」は〝あれ〟ですが……。

野坂昭如　おまえらは、写真週刊誌をいじめることによってエロを粉砕《ふんさい》しようとした。それは許せん。それは、自由の抑圧《よくあつ》でナチズムへの道だ。

里村　それは程度問題です。

野坂昭如　例えば、今なあ、フランスでテロをやってるけどさあ、今のイスラム教徒は、マホメットなんか見たこともないのに、「マホメットの風刺画《ふうしが》を描いた」というんでテロをして、人を殺すんだろう？　そんな、見たこともない人のために、そんなことをする必要はないわけで、ただ狂《くる》うとるわけよ。

だから、やっぱり、「エロ」や「風刺」やそういうものを認めないと、宗教的な寛《かん》容《よう》さを失ってねえ、人は狂信《きょうしん》・妄信《もうしん》に走るわけよ。つまり、それは極《きわ》めて大事なことで、大川隆法を素《す》っ裸《ぱだか》に描いて、〝お笑い〟に描いたところで、それは構わないわけよ！

だから、俺《おれ》なんかよりも、高橋春男《たかはしはるお》みたいな、四コマ漫画《まんが》を描いてたやつなんかを角材でぶちのめしとったら、おまえらには、ちょっと骨があるなと思うけどなあ。あんなのを〝放《はな》し飼《が》い〟にしたんだろうが。ええ？

里村　ええ、そうです。別に何もしていません。

野坂昭如　あれは、からかっとったぞ、本当に。

里村　いや、そういうご意見があるのは分かります。

野坂昭如　うん。

「希望の革命」は野坂昭如氏に向けた講演だったのか

里村　では、野坂先生は、人生というものを、どのようにご覧になっているのですか。つまり、端的《たんてき》に言うと、「人間は死んだら終わりである」と思っていらっしゃるわけですか。

野坂昭如　いや、おまえらが考えるほど、俺は単純な男ではないし、バカでもねえん

1991年9月15日、神奈川・横浜アリーナで行われた講演会「希望の革命」。

だよ。

里村　はい。

野坂昭如　一九九一年に「フライデー事件」があったあと、一万人ぐらいの会場でさあ、「希望の革命」とか言って、（大川隆法が講演を）やっただろうが。

里村　はい。

斎藤　ございました。

野坂昭如　おまえらなあ、あの一万人相手の講演は、「ほとんど野坂昭如ただ一人に向けての講演」なんだ

よ、あれはどう見たって。

里村・斎藤　ええ？

野坂昭如　俺一人に対する講演だ、あれはどう見ても。俺に対して言ったんだ、あの講演は。

松本　どのあたりで、そのように思われたのですか？

野坂昭如　大川は大会場を使って、一万人以上の会員を集めてだなあ……。テレビカメラがたくさん入ってたよなあ？

里村　はい、ございました。

野坂昭如　俺、テレビ局で、あれを観たんだからさあ。

斎藤　あっ、そのときに。

野坂昭如　おお。いやあ、そら、テレビが行ってるからさあ、「撮《と》ってきたやつを観て、先生の感想を聞かせてください」って言われたんだから。

斎藤・里村　ああ……。

野坂昭如　それで、「ヒットラーとキリストの違いも分からんのか」と大川は言ったでしょう。

斎藤　はい、言われていました。

野坂昭如　あれは、私に対する反論だからさあ。徹底抗戦《こうせん》。だから、私は、それほどのＶＩＰ《ブイアイピー》であったわけよ。もう（幸福の科学の）教団が潰《つぶ》れるかどうかのキーマンだったわけよ。私が「そうだ」と言い切ったら、教団が潰れる。いや、やっぱり見て、「ヒットラーだ」と言ったけどな。「これはヒットラーだ」って言ったよ。

マスコミのほうは、一時間滔々《とうとう》とさあ、つっかえることもなく、原稿《げんこう》もなく、吼《ほ》え続ける大川隆法を見て、これは、もう〝絶叫中継《ぜっきょうちゅうけい》〟してしまう。

里村　あの日は、ＮＨＫから、すべての民放のキー局まで来ていましたし……。

野坂昭如　いや、あれを聞いて、報道はそんなにしてないだろうけれども、参《まい》ったのは参ったらしいわ。そらあ、国会でさ、みんな原稿を読んどるのにねえ。総理大臣以下、官僚《かんりょう》が書いた原稿、作文を読み上げてるのに、原稿なしで一時間ダーッと（講演を）されたから。

これで、大川隆法は、「ヒットラーとキリストの違いも分からんのか」と、わしに対する公開質問状を演壇《えんだん》からやったわけよ。テレビ局は、その映像をわしに観せてだなあ、「先生、こう言ってますけど、どうですか」と言ったから、「ああ、ヒットラーだ。これこそヒットラーだ。ヒットラーは演説で大衆を迷わせたんだ。これこそ、もうナチズムの再来だ」って言って、わしは警鐘《けいしょう》を鳴らしたわけよ。

里村　あのときの「ヒットラー」っていうのは、また別の番組の、別の人のあれですのでね。

野坂昭如　あっ、そうか。そうだったかな。なんか知らんけど、とにかく、そういうようなことを、よく言うとったような気がするんだけどなあ。

二十四年前の〝挑戦状《ちょうせんじょう》〟に答えるために来た?

斎藤　しかし、大川隆法総裁は、「ヒットラーが、いつ愛を説いたか!」とも言われていますよ。

野坂昭如　ああ、そう、そう、そう、そう。それは要するに、わしに対して説教してるんだ、あいつはなあ。

斎藤　ああ、では、「そうした目に見えない世界の心の絆《きずな》を通すようなかたちで、大川総裁の言葉が、野坂先生に直接届けられた」と認識されたわけですね。

野坂昭如　うん。そう、そう、そう、そう。「ヒットラーがいつ愛を説いたか。愛を説いたは、イエス・キリストではないか」と言ったんでしょう?

斎藤　そうです。

野坂昭如　それは、わしに対する「挑戦状《ちょうせんじょう》」だよなあ。だから、その「挑戦状」に答えないといかんからさあ。

斎藤　それで、今日、（教祖殿《きょうそでん》に霊として）来られたのですか？

野坂昭如　ああ、来てるわけよ。まだ二十四年間、噴火《ふんか》せずに……。

斎藤　なるほど。二十四年前の……（苦笑）。それは、ずいぶん溜《た》めましたね。

野坂昭如　ああ、娘《むすめ》……。

斎藤　娘さんに止《と》められたから？

野坂昭如　娘が〝グルグルに縛《しば》り上げた〟から。もうできんから、最後にもう一回、確かめんかったらさあ、それは、なかなか「三途《さんず》の川」は渡《わた》れんがなあ。ああ？

里村　それで、二十四年目に、今日来て……。

野坂昭如　いやあ、「本物か偽物《にせもの》か」を、今、確かめに来とるんじゃないか。

里村　ただ、少なくとも、今、「野坂先生が、このように言葉を語ることができる」という部分は、本当だと認めざるをえませんよね。

野坂昭如　いやあ、それは分からんなあ。

7　大川隆法に対するさまざまな〝本音《ほんね》〟

飲み物とおにぎりを出されたことに感謝する野坂昭如氏

斎藤　でも、野坂先生、何かすごくリラックスしていて、非常に気持ちがよさそうな雰囲気《ふんいき》を感じますね。

野坂昭如　うん、ちょっと最近のあれから見れば、調子はいいなあ。

斎藤　何か、最期《さいご》は、心不全《しんふぜん》的な……。

野坂昭如　さっきなあ、なんか中学生ぐらいの女の子が、私におにぎりとか、飲み物とかを出してくれたから。十三歳《さい》ぐらいの、ちっちゃい子が出してくれたので。

（聴聞席《ちょうもんせき》を見ながら）なんか、このへんにいるんじゃないか。うん？（聴聞席のスタッフの女性を指して）ああ、そう、あの子、あの子。あの子、あの子。

斎藤　えっ？

野坂昭如　このへん、中学二年生ぐらいだろう？　だから、娘《むすめ》……。もっと……。孫かな？　孫か？

斎藤　中学二年生に見えるんですね？　いやあ、どう見ても、成人以上の方に見えますけれども……（苦笑）。

野坂昭如　えっ？　お孫さんだと思うけれども……。お孫さんが、なんか、飲み物とおにぎりとを出してくれたんでなあ。焼跡《やけあと》派としては、本当にありがたいなあという……。

斎藤　でも、今、ポカポカした感じがしませんか？

野坂昭如　えっ？　ポカポカ？

斎藤　はい。

野坂昭如　まあ、ポカポカ……。うーん……。

斎藤　でも、ポカポカした感じが伝わってきますよ。何か気持ちよさそうな感じがしますしね。

野坂昭如　おまえ、口がうまいからなあ。

斎藤　いえいえ（苦笑）。そうではないです。

野坂昭如　おまえは駄目《だめ》だ。騙《だま》されんぞ、こらあ。

斎藤　いや、本当に、そんな感じがしますよ。

野坂昭如　〝偽《にせ》画家〟が、騙されんぞ、こらあ。

斎藤　いやいや（苦笑）。

霊言《れいげん》を「俺《おれ》たちだって、やれるもんならやってみたいよ」

里村　野坂先生……。

野坂昭如　えっ？

里村　それをなぜ訊《き》いているかというと、私たちにしてみれば、今までこうしたケースでは、「苦しい」と言ったり、本当に息も絶え絶《た》え絶《だ》えだったりするような方に遭遇《そうぐう》することが、実はすごく多かったんです。

斎藤　そうですね。不成仏《ふじょうぶつ》の場合、いつもだいたい、「ハアッ、ハアッ、ハアッ！」というところからスタートしています。

里村　野坂先生は、やはり、文学者としても、けっこうそれなりの、「こうあるべき」という人生を生きてきて、その上で、「二十四年前のことについて、言い残したことがあった」ということで、来られたのかと思うのですけれども……。

野坂昭如　いや、「景山《かげやま》（民夫《たみお》）君を迷わせた」ということをな、やっぱり追及《ついきゅう》したかった。

里村　でも、どうでしょうか。本当に「景山さんが迷っている」と思われますか？（前掲《ぜんけい》『小説家・景山民夫が見たアナザーワールド』参照）

野坂昭如　うーん、でも、「あんなに早く死ぬ」っていうのは、やっぱり悪い宗教なんじゃないか？

里村　いや、でも、それこそ……。

松本　野坂先生は、景山さんとの対談のなかで、「こんな霊言《れいげん》などというものはありえない」というようにおっしゃっていたんですよね？　でも、今、現にこうして、（大川隆法総裁の体に）入って、お話になっていますよね？

野坂昭如　いや、だからさあ、横着《おうちゃく》じゃない。ねえ？　普通《ふつう》に自分の考えを書くんならいいけど、他人《ひと》が言ったように見せてさあ、創作するっていう手法？

里村　創作……。

野坂昭如　いや、俺《おれ》たちだって、やれるもんならやってみたいよ。

里村　創作ではないんです。逆に言うと、例えば、このように、「野坂先生が亡《な》くなられてすぐに、私たちがこうした言葉を聴《き》ける」ということ自体が、宗教ならではだと私は思うんです。

野坂昭如　おまえらなあ、それはやっぱり、原稿《げんこう》を埋《う》める苦しみを味わっとらんから、そんなことを言うのよ。作家の「原稿用紙を埋める苦しみ」っていうのは大変なんだからさあ。

そんな、「霊が来て、乗り移ってペラペラしゃべった」っていって、それを本物だと信じさせて、ベストセラーにするなんて、そんな〝芸術〟があったらさあ、みんなやりたいわ。

松本　作家ではないですからね。救世主ですから。

正直な気持ちとしては、大川隆法に著書を読んでほしかった？

里村　そして、霊言のときの、ベースにある大川隆法総裁の普段の勉強であったりとか、そういうものも……。

野坂昭如　まあ、「野坂昭如の名前だけは知っとった」っていうことは、ほめてやるがなあ。

斎藤　野坂先生は、「今、しゃべっているご自身が、野坂先生本人だと認識される」

のであれば、どう見ても、肉体は大川隆法総裁の肉体ですから、これは、もう「野坂昭如の霊の言葉」じゃないですか。

野坂昭如　しかし、（大川隆法には）野坂の作品を読んだ形跡《けいせき》がないな。だから、本を幾《いく》ら集めてもさあ、どうも価値判断があって、好き嫌《きら》いがあるらしいから、読まないものは読まないいんだろう？　やっぱり、そのへんがちょっとな。景山の作品なんか甘《あま》いよな？　緩《ゆる》い、緩い。

里村　でも、それこそ「自由」ではないのですか？

野坂昭如　まあ、それはそうだけど……。

松本　（大川隆法総裁に）読んでほしかったんですね？

野坂昭如　わしらみたいに、最高裁に狙《ねら》われるような作品を書く作家の「勇気」というか、「チャレンジ精神」とか、「スリル」とか、「生きていく苦しさ」とかさあ、そういうものに対して、もうちょっと理解してほしかったなあ。

里村　でも、確かに、「大川総裁に読んでほしかった」という気持ちは、すごくあるわけですね？

松本　正直な気持ちでは、そうなんですね。

遠藤周作《えんどうしゅうさく》氏には、霊言《れいげん》を出す資格がない？

野坂昭如　おまえらさあ、霊言《れいげん》はしたけど本は出してない遠藤周作《えんどうしゅうさく》だって（二〇一四年四月、「遠藤周作の霊界《れいかい》談義――新・狐狸庵閑話《こりゃあかんわ》――」を収録した）、嫉妬《しっと》してたんだからさあ。それは知ってるのか？

里村　へえ……。遠藤先生は、面白《おもしろ》い人ですよね？

野坂昭如　ああ、遠藤の霊言、録《と》っただろうが。

斎藤　はい。録りました。

野坂昭如　だけど、本は出してないだろう？

斎藤　「新・狐狸庵閑話《こりゃあかんわ》」というサブタイトルで録られていますよ。

野坂昭如　遠藤はねえ、作家協会やペンクラブの会長をやってたんだな。だから、わしが（大川隆法を）批判したところに、あれらもまだ生きとったから。やっぱり、「言論の自由を奪《うば》う幸福の科学は許せん」っていう方向に、作家はみんな手を挙げて賛成しとったからさあ、責任はあるんだよ。

だから、あいつには、ここ（幸福の科学）で霊言を出す資格はないんだよ。

里村　いえ、そんなことはありません。もうこのように、霊人《れいじん》にも「言論の自由」があるということを、やはり、われわれは認めているわけですよ。

野坂昭如　ああ、そうかな。

「わしほど霊力がある者は、今まで来たことがないんだろう」

野坂昭如　いやあ、わしの場合は、〝脅迫《きょうはく》〟しなかったら、（霊言《れいげん》を）やらせてくれんかったからさあ。

里村　脅迫……（苦笑）。

野坂昭如　いや、〝ドラえもん夫人〟がさあ……、いや、しまった、〝パンダ夫人〟

（大川紫央《しお》総裁補佐《ほさ》のこと）が、なんか、わしを〝殺そう〟としたからさあ、さっきな。

斎藤　えっ？　そんなことはないですよ。

野坂昭如　本当だよ。もう、わしは死ぬところだったんだからさあ。

里村　いやいや、死んでいますから（苦笑）。

野坂昭如　ええ？　もう、わしを口封《くちふう》じさせようとしてさあ……。

松本　いや、もう霊になっていますから。

野坂昭如　この（霊言をしている）ご主人（大川隆法）を、あなたねえ、もう〝暗殺〟寸前《すんぜん》だったんだからさあ。もう呼吸が止まってね、死ぬ寸前だったんだから。わしを黙《だま》らそうとして、口を封じてしまったんで、もう死ぬ寸前だったんだからさあ。

里村　いや。それは、野坂先生にも、もう少し穏当《おんとう》な行き方とか、交渉《こうしょう》とか、あってしかるべきだったわけですよ。

野坂昭如　まあ、わしほど霊力のある者はいなかったんだろう？　今まで来たことがないんだろう？　たぶんな。仏陀《ぶっだ》、キリストを超《こ》える霊力を持ってるから。

「大川は〝特殊《とくしゅ》なアンテナ〟で微細《びさい》な脳波を感じるんじゃないか」

斎藤　いや。野坂先生、私は思うのですが、やはり、そういう、ある面で宗教心があるのだと思うのですけれども……。

野坂昭如　いやあ、幕張《まくはり》メッセ（の講演）はわしが指導霊《しどうれい》で、ひとつ「死後の世界、一週間」を語ろう（注。この時点では、幕張メッセでの「二〇一五年エル・カンターレ祭大講演会」を五日後に控《ひか》えていた)。

里村　やはり、教祖願望がおありですか?

斎藤　そうですよ。だから、神ということを……。

松本　(苦笑)もう明らかに、「ご自身が霊だ」ということを、はっきり認識されていますね?

野坂昭如　いやあ、そのときにまだ意識があったら、死んだことになるだろう?

松本　今、はっきりされていますよね?

野坂昭如　今は死んだかどうか、ちょっと微妙《びみょう》なところだよ、まだな。

里村　いやいや、もう説得力がありません。

松本　大川隆法総裁の体に入っていることは、分かっているわけですから……。

野坂昭如　いや、もう医学的には脳波が止まっている状態ではあるけれども、まだ本当は、深い深い科学の底の世界へ行けば、脳波が止まっているように見えて、もっと違《ちが》う微細《びさい》な脳波が生き残っていて、この電波を、こうして……（両手を耳の横で広げ、天を仰《あお》ぐ）。

大川っていうのは、どうも受信能力がすごく高いから、まあ、犬みたいなものだよ。「犬は普通の人の三千倍ぐらい、匂《にお》ったり、聞こえたりする」っていう。ああいう感じで、〝特殊《とくしゅ》なアンテナ〟を持っているために、微細な脳波を感じるんじゃないかなあ。

松本　いや、もう死んで、すっかり灰になっている方の霊言もできますから、全然、脳波だけではないですけれども……。

野坂昭如　いやあ、だから、放送局の電波を受け取る、あの感じなんじゃないのかなあ、これ。ただ、そういうことなんじゃない？

里村　いや、「ただ」と言われても、それは普通ではないことですし……。

「ヒットラーは黒魔術《くろまじゅつ》の大指導霊《だいしどうれい》だよ」

松本　実際、こうして（大川隆法総裁の体の）なかに入られているということは……。少なくとも、ヒットラーは、こういうことはできませんから。こういうことができるというのは、もう……。

野坂昭如　いや。あんたねえ、勉強不足だなあ。「ヒットラーは霊能者《れいのうしゃ》だ」っていう説はあるんだよ。強いんだ。「超能力者《ちょうのうりょくしゃ》だ」っていう話があるよ、ヒットラーは。

里村　ただ、黒魔術《くろまじゅつ》だったりしますが。

野坂昭如　ああ、そうなんだ。

里村　はい。だから、こうした能力ではないんです。

野坂昭如　ヒットラーにも、(何かが)取り憑《つ》いとったんじゃない？　だから、そういう……。

松本　今は(地獄で)違う者が取り憑いています。

野坂昭如　うーん。(ヒットラーは)黒魔術の大指導霊だよ。

野坂昭如氏には、「教祖願望」「カリスマ願望」があった?

里村　やはり、出てくる方々のお名前が、「仏陀」「キリスト」、あるいは「ヒットラー」というように……。

野坂昭如　いや、これは、もうみんな偽者《にせもの》だなあ。世界中で、「仏陀だ」「キリストだ」と名乗って出てくるのは、みんな偽者。

里村　つまり、野坂先生には、「教祖願望」というか、「カリスマ願望」のようなものは、おありだったんですか?

野坂昭如　そらあ、あるわ。

里村　ああ……。

野坂昭如　あと、少なくとも、次は「ノーベル文学賞」か「ノーベル平和賞」ぐらいは取ってだなあ、「ローマ法王を超えた男」とか、言われてはみたかったなあ。

松本　でも、ご自身では、「それは無理だな」と分かっておられましたよね？

野坂昭如　あっ、それは分かってるよ。それは分かってるけどねえ。

松本　そうですよね。それだから、上手にやっておられる方を見て、やはり嫉妬してしまうわけですよね？

野坂昭如　まあ、不良だからな。しょうがないわ。そらあ、無理だろうとは思うが、推薦《すいせん》する人が……。

斎藤　いや、いや、いや……。

松本　ですから、本来、「教祖になる」というのではなくて、やはり本当は、「自分の純粋《じゅんすい》な思いを理解してほしかった」ということでしょう?

野坂昭如　だから、大川は、「霊言」と称《しょう》して、宗教の本でベストセラーを出すし、なんか学歴はあれだし、金は儲《もう》けるしさあ、若い嫁《よめ》さんとは結婚《けっこん》するわ。ええ?

それに、私なんか作品が映画になっただけでもうれしいのに、映画は自分の金でつくれるわ、もうやりたい放題じゃないか。

(質問者を指して) おまえらは、そのための走狗《そうく》になってるんだ、走狗に。ええ?

物書きの端《はし》くれとして「嫉妬《しっと》」したことを認める

斎藤　しかし、野坂先生は、「言葉は汚《きたな》い」ですが、何か聴いていますと、やはり、すごく理想を大切にされている気がしますよ。

野坂昭如　うーん。まあ……。

斎藤　ご自身が本来やりたかったものを、「大川隆法総裁」という人物に投影《とうえい》してみて、「素晴《すば》らしい！　素晴らしい、素晴らしい！」と言われているように、私には聞こえますよ。

野坂昭如　わしは「言葉の魔術師」だからな。おまえがほかの絵描きを見たら、嫉妬《しっと》するだろう？

斎藤　また、変なことを言わないでください（苦笑）。

野坂昭如　自分よりうまいやつを見たら、嫉妬するじゃない。高く売れているやつを見たらなあ。銀座《ぎんざ》の画廊《がろう》なんか見たら、発狂《はっきょう》するだろうが！

斎藤　（苦笑）

野坂昭如　同じように、わしだって、物書きの端《はし》くれとしてだなあ……。

斎藤　（ノートが落ちる）興奮して落としてしまいました（苦笑）。

野坂昭如　物書きは、もう本当は印税《いんぜい》だけで食ってるようなものだけども、（大川隆法は）それ以外に、印税を超えてだなあ、もういろいろなものをいっぱいつくっていってる。

里村　そうですね。

野坂昭如　このうまさはねえ、もう絶妙《ぜつみょう》っていうかさあ。いやあ、それは、ある意味では天才だよ。天才だとは思うが……。

斎藤　（大川総裁が）「天才だと思う」と！

野坂昭如　いやあ、きちんと〝刑務所《けいむしょ》につないでほしい天才〟だよなあ。

斎藤　いや、なぜそこで刑務所が出てくるのですか、野坂先生。

野坂昭如　やっぱり、それは、ホリエモンに対して申し訳ないだろう。ええ？

里村　あちらは、もう明確に法律に反していましたから（苦笑）。

野坂昭如　いやあ、やつらはさあ……。

里村　いや、それは法律に反してしまっていますから。

斎藤　心のなかに、「気に入らない者は葬《ほうむ》りたい」というような、自分中心のお考えがあるように思いますが。

野坂昭如　ええ？　それはそうだろう。政治家なんか、あんた、もうそれは百万円でも（もらったら）失脚《しっきゃく》するしさあ。（田中《たなか》）角栄《かくえい》だって、五億円ぐらいの賄賂《わいろ》で失脚して、あんなひどい目に遭《あ》って、晩年、半身不随《ふずい》になって、苦しんで過ごしたんだろう？

大川なんか、五億円なんて、もう一日で右から左だろうが。ええ？

野坂昭如氏の今世《こんぜ》の人生計画とは

里村　角度を変えて質問します。なぜ、「昭和の時代」に生まれてこられたんですか。

野坂昭如　わしのこと、何言うとるねん。ええ？　わしを尋問《じんもん》するんか、おまえ。

里村　いや、ぜひお伺《うかが》いしたいんですけど、やっぱり何か、自分の使命というか、「何かをしたい」ということがあってお生まれになったのに、その計画と少し違われたんですか。

野坂昭如　いや、だからさあ、何て言うか、うーん。（手元《てもと》の資料を見ながら）何か、いろいろ書いてあるなあ。「早稲田《わせだ》大学仏文科《ふつぶんか》中退」？

里村　はい。早稲田の仏文……。

野坂昭如　わざわざ書くなよ、こんなことをなあ、おまえら。

斎藤　いや、経歴ですからしょうがないですよ。

里村　ええ、有名な方ですから。

野坂昭如　チェッ（舌打ち）。

松本　われわれも、好き嫌いで書いてるわけじゃありませんので。

里村　それで、今回の人生は、予定と違う部分があったんですか。

野坂昭如　やっぱりねえ、ジャーナリストとかさあ、そういう作家だって、まあ……。この、早稲田崩《くず》れの作家とか、いっぱいいるから。みんな食い詰《つ》めたやつらばっかりよ。食い詰めてさあ、この世の裏街道《かいどう》のなかでどうやって食っていくか、考えたやつばっかりだからさあ。

それが、東大の法科を出てさあ、就職したらどこでも飯《めし》が食えて出世できる、「こりゃこりゃ」の約束されたやつがさあ、ほかの世界まで荒《あ》らしまくって。

斎藤　なるほど。

里村　そこの嫉妬ですね？

野坂昭如　何かねえ、底引き網《あみ》でさあ、魚を一網打尽《いちもうだじん》にしてるようなの見たら、それは一筆啓上《いっぴつけいじょう》だよ、やっぱりなあ。

里村　先ほどからお伺いしていて、そうした嫉妬のところは分かったんですけども。今回、野坂昭如としてお生まれになったのは、やはり、作家を目指してお生まれになったんですか。

野坂昭如　知るか、そんなこと。そんなこと知るかよ、俺が。

里村　宗教家になりたかったとか。

野坂昭如　いやあ、そんなことはないだろう。

里村　ないですか。

野坂昭如　うん。そんなことはないが、やっぱり戦前の言論弾圧《だんあつ》とかねえ、検閲《けんえつ》とかなあ、そういう「思想の自由」がなかった時代なあ。やっぱり、結局、悪い時代がそのあと開けたわけだから、それに反発する意味でも、「言論の自由」を持たなきゃいけないし。

それが、「金銭《きんせん》の力」とかさあ、「生まれの力」とかさあ、「学歴の力」とか、そんなようなものでさあ、押《お》さえ込《こ》まれるのはよくないことだから。そんなの関係なくなあ。

だから、小説家なんて、だいたい経歴も学歴も書いてないのが普通じゃない。こんなのを書かれたりしないのよ。こんな、「早稲田中退」なんて。

大川隆法に対して抱《かか》え続けていた思い

里村　いや、私としては、批判をする健全な在野《ざいや》勢力があって結構だと思うんです。確かに、そういうものがないと、権力というのは腐敗《ふはい》していきますので。

野坂昭如　そうや！　そうなんや！　おまえ、ええこと言うた。そのとおりだ。「権力が腐敗する」っちゅうことをな、幸福の科学が、もっともっと毎年毎年繰《く》り返し言わないかんのや！

里村　いや、出てますよ。

斎藤　大川総裁自《みずか》らも、「絶対権力は絶対に腐敗する」と言っています。

野坂昭如　だから、自分のことだよ。

斎藤　いやいや、それは、アクトン卿《きょう》の言葉を引いて言っています。

野坂昭如　おまえの体は、もうすぐ蛆虫《うじむし》がわいてくるから。

里村　いやいやいやいやいやいや（笑）。

野坂昭如　バカッと開《ひら》いたら、蛆虫がウジャウジャウジャジャジャジャ……。だから、腐敗するのよ。

里村　だから、そういうことを、私どもも全然否定していないんですよ。野坂先生のことも、今まで二十数年間、批判したこともないですし。まあ、そちらも、こちらのことは言わなかったですが、こちらも言いませんでした。

野坂昭如　それはねえ、「言わんかった」っていうふうに、おまえは言うたけどさあ。わしから見りゃさあ、わしみたいな大先生に批判をされとるのに、大川隆法は若造のくせにさあ、わしを無視しとったっちゅうかさあ、相手にもしてなかったように見えるわなあ。

斎藤　なるほど。分かりました！

野坂昭如　横綱《よこづな》がさあ、幕下《まくした》を相手にしてないような感じで無視してたように見えるわな、完全になあ。

斎藤　年下である天才の人物像を見たときに、その年下の天才から、「なんで、大家《たいか》である私に〝サツアイ〟……、挨拶《あいさつ》がなかったのか」とか（笑）。

野坂昭如　サツアイ……（笑）。おまえ、面白いなあ。

斎藤　（笑）いえいえ、ちょっと……。

野坂昭如　おまえ、面白《おもしれ》え（笑）。

斎藤　不良用語が出てしまいました。先生に合わせたら、伝染《でんせん》してきましたよ。まあ、スキンシップの表現ですから（笑）。

つまり、挨拶がなかったということで、非常に心に棘《とげ》が残ってしまったわけですね。

野坂昭如　まあ、何ちゅうか、結局、わしが、一部は「言論戦《げんろんせん》」を挑《いど》んだわけだけどさあ。言論戦を一部は挑んだけど、結局、無視したようなもんだよな。

わしのほうは、マスコミを代表して言ったわけだから。言論人の多くは怖《こわ》くて言えなかったんだからさあ。勇気があって言えてたのは、ほんのちょっとしかいないから。あとは、ジャーナリストとか、フリーの売れない人たちだしさ。

それから、オウム事件なんかも起きたしさ。幸福の科学をもっともっとウオッチしてやらないかんのに、シンパが多すぎるんだ、おまえらのなあ。

だから、それがうますぎるんで。やっぱり、もっと疑わないかんわな。「金の集まるところ必ず秘策あり」だから。田中角栄が金を集めるのには、ちゃんと秘策があった。それは土地転《ころ》がしして金を儲けとったんだな。バブルをつくって金儲けしたよな。

だから、大川も何らかのバブルをつくる秘策を持ってたのは間違いなしと思うんだ。それを暴《あば》けないのがつらい。

8　なぜ野坂氏は「悪魔《あくま》と神の違《ちが》い」にこだわるのか

大川隆法をぶっ潰《つぶ》したい本当の理由

松本　うーん、そこではないですよね。おそらく、娘《むすめ》さんから言われたことから始まって、結局、「大川隆法総裁が本物なのかどうなのか」っていうこの一点が、あなたの人生にとって、ずっとかかってくるわけですよね。

野坂昭如　さっきさあ、そのパンダの奥《おく》さん（大川紫央《しお》総裁補佐《ほさ》）にも、わしは言うたんやけどさ。だから、大川隆法をぶっ潰《つぶ》しとけばさあ、安倍《あべ》の軍国主義政権は成立しなくなるから。ここをいち早く潰しとけば、安倍政権は潰れる。

そう言ってもさあ、おまえら、ちょっと自覚が足りないだろうけど、おまえらのこの数年の言論活動やデモ活動とか、いろいろなもんで、マスコミも黙《だま》らされとるしさ。

安倍肯定派《こうてい》がすごく強くなって、保守がものすごく強くなってるのは、やっぱり、なんて言ったって、おまえらが「安倍政権の後ろ盾《だて》」だよ、どう見ても。

斎藤　すごい目線《めせん》を持っているんですね。

野坂昭如　だから、安倍を倒《たお》したかったらさあ、大川隆法、これをねえ、「獄《ごく》につなぐ」のがいちばんよ。「ぶっ潰す」か、どっちかだ。

斎藤　なるほど、そういう見方も一つあるということですね。それは反戦の気持ちがあって、安倍政権を変えようとして。

野坂昭如　安倍に、その頭があるわけないじゃんか。

里村　警告として、それは、私たちも謙虚《けんきょ》に受け止めます。

野坂昭如　安倍にそんな頭ないよ。あいつにそんな力があるわけないじゃん。理論的バックボーンがあるからやれるんだ。あれだけのことをやれるのは、おまえらが言ってるからで。おまえらが言ってるのを、マスコミはみんな読んでるからさ。それ前提で、あれはやっとるんだよ。だから、ここを潰せばさあ、安倍は急に弱くなるよ。すぐ、潰れるよ。

「地獄《じごく》に堕《お》ちた」と言われる前に談判《だんぱん》に来た？

里村　まあ、政治議論ができるほどの時間は、今日はないんですけども。

野坂昭如　ああ、そうかい？　いやあ、朝までやろうよ。

里村　そんな時間もなくて、たぶん、お迎《むか》えの方もですねえ。

野坂昭如　お迎え？

里村　ええ。野坂先生の。

斎藤　ええ。先生を尊敬してる方もいらっしゃいますし。

里村　まあ、作家の方とか、お友達の方とか。

斎藤　今後の期待もあると思いますんで、いろんな諸霊《しょれい》が、きっと先生を連れて行こうとすると思いますけれども。

里村　そろそろお誘《さそ》いに来られる頃合《ころあ》いかなあと思うんです。

野坂昭如　だいたいねえ、「年寄《としよ》りに対する敬意」が足りんわなあ。曽野綾子《そのあやこ》だって、瀬戸内寂聴《せとうちじゃくちょう》だって、みんなもう、ここに悪口言われるのを、もう震《ふる》え上がっとるんだから。死んだあとは呼ばれるに決まっとるからさ、もうすぐ。みんな、待っとるんや。順番待ちしとんやから。俺《おれ》のあとに来るんだろ? どうせ、みんな。

里村　いえ、悪口は言ってないんですよ。

斎藤　曽野綾子先生、瀬戸内寂聴先生の守護霊《しゅごれい》の霊言《れいげん》も、もう本は出されてます（『スピリチュアル・メッセージ　曽野綾子という生き方』『「煩悩《ぼんのう》の闇《やみ》」か、それとも「長寿《ちょうじゅ》社会の理想」か　瀬戸内寂聴を霊査《れいさ》する』〔共に幸福の科学出版刊〕参照）。

野坂昭如　それは、生前だろう? 生前ので、ここでやって、（次に）死んだあと、「どこへ堕ちたか」をや

『スピリチュアル・メッセージ　曽野綾子という生き方』（幸福の科学出版）

『「煩悩の闇」か、それとも「長寿社会の理想」か　瀬戸内寂聴を霊査する』（幸福の科学出版）

るんだろ? 渡辺淳一《わたなべじゅんいち》にやったようなことをやるんだろう、これは。

里村　いや、それは、ご本人次第《しだい》なんですよ。

斎藤　そうです。先生の〝お心〟次第ですよ。

野坂昭如　クリスチャン作家とかいって、「なーんだ、心はこんな真っ暗けか」みたいなのをやって。

斎藤　(苦笑) どうして、そう悪いほう悪いほうへ、すべてを。

野坂昭如　仏教作家は、「最澄《さいちょう》も瀬戸内も、同じ真っ暗闇のなかで狸《たぬき》みたいな生活しとる」とか、どうせやる気でおるんだろう、おまえら。

松本　野坂先生も、そう言われたくないんですよね？

野坂昭如　まあ、そらそうだ。

斎藤　だから、先んじて予防できるように、今日、来たんですね。

松本　だから、大川総裁が、もしも「偽物《にせもの》」であれば、さっきからずっとおっしゃってるとおりだと思うんですよ。でも、もしも「本物」であったら、野坂先生は、今、心を変えるしかないんじゃないですか？

野坂昭如　まだね、（死後）一日ぐらいだからさあ、猶予《ゆうよ》期間があるわけよ。もし、「地獄《じごく》の最深部に堕ちた」とかいうようなのをレポートされたら、大変なことになるんじゃないか。やっぱり、その前に〝談判《だんぱん》〟しとく必要あるじゃん。

斎藤　なるほど。今日は、その談判に来たっていうことですか。（大川総裁に）テコ入れしてもらって、「もっといいところに着地させろ」と。

野坂昭如　まだ呼ばれてねえからさあ。そのあとをやられると敵《かな》わんからさあ。

「本音《ほんね》」を語り始めたかのような野坂昭如氏

里村　いや、私はですね、ほんとに正直言って、ストレートに、「地獄の最深部」かと思ったんですよ。

野坂昭如　今、録音が入っておらんでね、ストレートに何？　ストレートに、どうなったの？

里村　いや、これが霊言の価値なんです。私は、「誤解してたなあ」って思うんです。逆に、野坂さんから「本物であってほしい」っていう願望が感じられるんですよ。

斎藤　そう、そう、そう、そう。

松本　私もそれを、すごく感じるんですけど。

斎藤　先生、すごい感じますよ、私。

里村　つまり、「この現代に、そういう本物が実はいてほしい」っていうのが感じられるんですよ。

野坂昭如　おまえら、口うまいなあ……。

斎藤　いや、いや、いや、いや（笑）。

松本　ほんとですよ。

斎藤　ほんっとに、そう感じます。

野坂昭如　俺なあ、今日、大川隆法を見直したよ。弟子《でし》を育てるの、うまいなあ。みんな、教祖に学んで口がうまいわあ！

斎藤　（笑）いや、いや、いや、いや、いや。本心から言ってますから。宗教は、本《ほん》音《ね》の世界だから。

野坂昭如　いや、大川だけ、教祖だけが、人を騙《だま》すのがうまいと思うたけど、弟子もこんなに人を騙すのがうまい。うまくなっとるな。

里村　いやいや。なぜかというと、私どもは、はっきり言って、もっと「邪悪《じゃあく》な魂《たましい》」

と思ってやってきたんで。

斎藤　そう。邪悪な魂かと思ってました、はっきり言って。

野坂昭如　おまえ、「火垂《ほた》るの墓《はか》」をよく観《み》てくれ。邪悪な魂かよ。

斎藤　いやいや、最初はそう思ってたんですけど。

里村　やっぱり、「おもちゃのチャチャチャ」をつくられる方ですよ。

斎藤　ええ、それをふと思い出しました。「そうだ、『おもちゃのチャチャチャ』があった。『おもちゃのチャチャチャ』をつくった、童心を持った方だった」と。

野坂昭如　やっぱりなあ、辛酸《しんさん》を嘗《な》めとるからなあ。人生の辛酸を嘗めとるから。

松本　野坂先生は、ご自身が「不器用《ぶきよう》なこと」をご存じじゃないですか。

野坂昭如　ああ、不器用だよ、それは。

松本　不器用で、うまくできないのが分かってて。

野坂昭如　俺は、うまくは、そら表現できないよ、自分をな。

松本　ええ。でも分かってほしいのは、その「純粋性《じゅんすい》」じゃないですか。

野坂昭如　だから、そういうフィクションの世界に逃《に》げてるわけよ。その不器用で、自分の表現は率直《そっちょく》にできねえからさあ。それで「創作の世界」に逃げてんのさあ。そらそうだよ、ほんとだよ。

松本　いっそ上手だったらね、もっと上手に渡《わた》れたのかもしれないけども。そうじゃないから、ここで最後に一つ、「これが本物なのかどうなのか」ということを、確認しに来られたんですよね？

野坂昭如　いやあ……。というよりは、大川隆法より先に生まれたことを悔いとるわけよ、今は。

斎藤　先生、いいこと言うじゃないですかぁ、ほんとにもう。

野坂昭如　おまえらみたいに、もうちょっとあとで生まれりゃあ……。

斎藤　ほんとは弟子になりたかったんじゃないですか。

松本　なりたかったですよね？

野坂昭如　あとで生まれとったらさあ、そんな「赤っ恥《ぱじ》」かかんで済んだんだからさあ。

斎藤　ほら、恥をかくのが嫌《いや》なのも、極度にプライドが高いせいもあるんで。そうなる前に、談判して、もうちょっといいところにしてもらおうみたいな。そういうネゴシエーションしに来たんでしょ。

里村　まあ、シャイでいらっしゃると。

松本　純粋なんですね。

野坂昭如　いやあ、年は取ってるけどさあ、同じ年でも、あれだろう？　渡部昇一《わたなべしょういち》だの、竹村健一《たけむらけんいち》だの、日下公人《くさかきみんど》だの、こういう人はほめられとるんだろう？

松本　はい。

野坂昭如　わしは全然ほめてくれんやん、なあ？

斎藤　まあ、ほめてもらいたかったんですか。

野坂昭如　なあ？　差はあるやん。

松本　うーん。「素直《すなお》」になればよかったんですねえ。

野坂昭如　素直……。

里村　うん。

野坂昭如　やっぱり、小説家として、「人生の真実」に立ち向かってるからねえ。

里村　だから、そのポーズっていうか、それは分かりますし。

野坂昭如　わしゃ、評論家じゃないからなあ。

斎藤　ええ、赤裸々《せきらら》な気持ちはありますよね。

大川隆法に「野坂昭如に嫉妬《しっと》した」と言わせたい

里村　ただ、今日は、作家として生きられた先生なりの、「本当の遺言《ゆいごん》」っていうか、そうしたものが逆に分かりました。

野坂昭如　いやあ、ある意味で、わしを説得できたらなあ。まあ、わしが説得される
ようやったら、佐高信《さたかまこと》なんかもだなあ、「こら、もうしょうがないかな」と思うとこ
もあるとは思うんだよなあ。

一同　うーん。

野坂昭如　だから、わしが地獄に堕ちるんなら、佐高も堕ちるであろう。それは分か
っとるから、ここをはっきりしとかないかんからさあ。

里村　でも、私どもは、決して野坂先生に堕ちてほしくないです。

野坂昭如　いや、これからだから、分からんし。「四十九日《しじゅうくにち》」とかで。

里村　「おもちゃのチャチャチャチャ」は、禁じなきゃいけなくなりますから。

野坂昭如　じゃあ、地獄でも「チャチャチャ」しとこうかな。

里村　ですから、地獄じゃなくて。

松本　地獄に行く必要はないですよねえ。

里村　はい、ないですよ。

斎藤　でも、先生、すごいですよ。だって、才人《さいじん》じゃないですか。才能豊かじゃないですか。直木賞《なおきしょう》から何から、ありとあらゆる賞をねえ。

里村　やっぱり、まだ、「地獄に行ったっていうかたちにしないと、かっこつかない」みたいなのが、たぶんおありなんですよねえ。

松本　それはやめたほうがいいですよ。

野坂昭如　いやあ、ちょっとでいいからさあ、大川隆法から「野坂昭如に嫉妬《しっと》した」というような言葉でも引き出してくれんかなあ。

松本・斎藤　（笑）

野坂昭如　そうすると、ちょっと成仏《じょうぶつ》できるような気がするわ。

里村　まあ、今の言葉が遺《のこ》りますから。

斎藤　そう、そう、そう。ご自身で「そうあってほしい」とシミュレーションしたことが（笑）。

野坂昭如　（大川隆法が）「直木賞作家に嫉妬して、どうしても批判的になりたかった」というようなことを、何か録《と》ってくれんかなあ。

斎藤　でも、大川隆法総裁先生は、ありとあらゆるものから学ばれます。さまざまな文学全集から何から、全部読まれます。

野坂昭如　ああ、おまえら口がうまい。口がうまい。

斎藤　ほんとなんですよ（笑）。

野坂昭如　弟子が、こんなに口が立つんか。たまらんなあ。

斎藤　いや、いや、いや、ですから、必ず何かを学ぼうとされています。

だから、一九九一年に、野坂先生の当会への批判などが「週刊朝日」に載《の》ったわけですから、大川総裁は、当然、野坂先生の本を読んでいると推定されます。やっぱり、研究されますからね。

今世《こんぜ》の人生に影響《えいきょう》を与《あた》えていた「過去世《かこぜ》の経験」とは

野坂昭如　いや、一万人の前でだねえ、あんな、「ヒットラーとキリストの違《ちが》いも分からんのか」「いつヒットラーが愛を説いたか」って、わしを〝名指《なざ》し〟で批判したんだから、大川隆法っちゅったら。

里村　いや、名指しで批判じゃなくて。

松本　でも、それは、ある意味名誉《めいよ》なことですよね？　うれしいことですよね？　あなたのことを、そのように思ってくださるっていうことですから。

斎藤　すごいことですよ、先生。

野坂昭如　講演会を使って、わしを折伏《しゃくぶく》するかあ？

里村　いや、むしろ、「ヒットラーとキリストの違いが分かるのか」って、自分が言ってみたかったたっていう気持ちがあるんじゃないですか。

野坂昭如　ああ、言いたいんやあ。だから、「大川が、ヒットラーかキリストか」、わしが判定する立場にあるんや。それを言い返したかったんや。

里村　まあ、今日ので、だいたいお分かりかと思いますけど、「違った」ということが……。

野坂昭如　だから、安倍政権のバックボーンになってるところは、やっぱり、〝ヒットラーのにおい〟は、まだなくなってないよな。

松本　もう、お亡《な》くなりになったから、安倍政権は関係ないじゃないですか。

野坂昭如　まだ消えてはいない、うーん。

斎藤　まあ、今日は、「自分の思われてたこと」とか、「二十四年間、溜《た》まった心」とか、「『ヒットラーがいつ愛を説いたか』って言ったときに、判定しようとした」とか、（霊言として）「総裁の言葉」を通しておっしゃっていますが、それは「霊として入っているあなた自身の言葉」じゃありませんか。（霊言が嘘《うそ》と言うなら）どう考えても、これは自己矛盾《むじゅん》してますよ。「自分が自分じゃない」って言ったら、そうかもしれないけど。

野坂昭如　ああ、そうだけど、いやあ。

斎藤　「話しているのは自分だ」って言うんだったら、これは、大川隆法総裁の魂のなかに憩《いこ》って、今、その個性を発揮してるっていうことです。だから、どう見たって、「大川隆法総裁の大悟《たいご》に伴《ともな》う霊言能力のなかに憩ってる」ってことじゃありませんか。

野坂昭如　だから、幸福の科学の会員がさあ、言ってるんじゃん。「あの『希望の革命』っていう講演は、イエス・キリストが入って特別霊指導してる」っていう話だったからさあ。

イエス・キリストが入ってしゃべるんだったら、ローマ法王だって、ずっこけて階段から転げ落ちる話やからさあ。もし、日本にさあ、イエスが入って、一時間、「イエスの霊言」で講演ができるような人がいるって言うんだったら、ローマ法王だって跪《ひざまず》かないかんだろうが。そんなことを認めてええのかっていう。

松本　野坂先生は、かつて、過去世《かこぜ》でイエスから教えを頂いたとか、その弟子筋《すじ》だったとかじゃないですか？

野坂昭如　……（沈黙《ちんもく》）。

斎藤　あっ、何か、ずいぶん自尊心が納得《なっとく》した感じが……（笑）。

野坂昭如　うーん……、まあ、〝逆〟かもね。

斎藤　えっ、逆っ!?（真実が）出ました！　いや、こんな喜んじゃいけないですけど（笑）。

野坂昭如　逆かも。

松本　イエスに石を投げた……。

野坂昭如　いや、有罪にするように頑張《がんば》ったほう……。

松本　ああー、それは……。

斎藤　出てきました！

野坂昭如　いやいや、そういうのは、（亡くなって）一日ぐらいだけど、何か、ちょっと分かってきつつある……。有罪に……。

里村　ということは、つまり、「罪人のバラバと、どっちにするか」と。それこそ、「処《しょ》刑《けい》にするのをバラバとイエスのどっちにするか」っていうときに、「あっちにしろ」って。

野坂昭如　だから、イエスを見て、「悪魔だ」と思ったほうに票を投じてしもうたからさ。

斎藤　バラバを助けるほうにやっちゃった。

野坂昭如　だから、今回も、逆に判定したのかどうかが、引っ掛かっとるわけよお。

斎藤　なるほど！　自分がバラバを助けて、イエス・キリストを屠《ほふ》るほうにやっちゃったから。また同じ間違いを繰《く》り返すかどうかになるか、試《ため》されてるわけですね！

野坂昭如　だから、「ヒットラーとキリストの区別がつかんのか」っていう言葉がさあ、

バラバは『新約聖書』に登場するユダヤ人の囚人。「バラバか、イエスか」の選択を問うた総督ピラトに対し、民衆はバラバの赦免とイエスの処刑を求めた。（画：ティントレット作「ピラトの前のキリスト」〈イタリア サン・ロッコ同信会館壁画〉）

胸に刺《さ》さっとるわけよ、棘《とげ》みたいに。

松本　ああ、〝痛かった〟わけですね……。

斎藤　それで魂に苦しみがあるんですね。なるほど。

野坂昭如　うーん。ほんとにそうなんかどうか、自分は……。だから、「キリストとヒットラーの違いが分からん」っていうことは、それは、西洋的文脈においては決定的なことだから。それは、「悪魔と神の違いが分からん」というのと、ほとんど一緒《いっしょ》だろ？

松本　そうですねえ。

野坂昭如　そういうことだから。

9 「反戦」と「自由」については譲《ゆず》れない？

先の戦争が野坂昭如氏に残した心の傷

里村　でも、今、過去世《かこぜ》のことが分かってるっていうことは、かなり……。

松本　だから、今世《こんぜ》は間違《まちが》うまい、と。

野坂昭如　いやあ、分かっているとか……。だから、俺《おれ》より後輩《こうはい》の日本人に、そんな偉《えら》い人が出てくるっていうのは、そう簡単には認めがたいなあ。

さらに、おまえらの思想は違っとるんだろうけれども、先の日本の戦争を、おまえらは一生懸命《いっしょうけんめい》、肯定《こうてい》論に入って、「大東亜《だいとうあ》戦争無罪論」を、一生懸命、唱《とな》えとるらしいけども。いやあ、少なくとも、わしらの常識から言や……。

(大川隆法のネクタイを触《さわ》りながら）ネクタイがよく曲がるなあ、これなあ。うん、そっちか。反対か、これ反対に結ばな……。

斎藤　いえ、いえ、いえ、いえ。先生、大丈夫《だいじょうぶ》、かっこいいです。

野坂昭如　かっこいいか？

斎藤　はい。

野坂昭如　まあ、わしらの常識から言やあなあ、やっぱり、「原罪」は日本にはあるわけよ。

(再びネクタイを気にしながら）ちょっと反対や。おかしいなあ。

斎藤　まあ、あんまり、とらわれずに……。

野坂昭如　まあ、わしらの常識から言えば、やっぱり日本に「原罪」があって、ユダヤ人みたいに二千年ぐらい贖罪《しょくざい》を続けなきゃいけないいんだから。それが、日本人なんだよなあ。そうだと思うんだよ。

松本　それは、ユダヤ人とか日本人とかの全体の話ではなくて、ご自身のことで言えば、かつて、イエスに対して見誤《みあやま》ったことを、今世は見誤らないようにするということですよね？

野坂昭如　いやあ、でも、少なくともだなあ、おまえらが今やっとるようになあ、大東亜戦争が「聖戦《せいせん》」だとしてもだよ、仮にね。まあ、そういった面がないとは言わんからさあ。いちおう、可能性としてはあるから、「聖戦」だとしてもだよ？

里村　うん。

野坂昭如　しかし、亡《な》くなっていった私の親族やな、そういう妹だとか、その他、いろいろ哀《あわ》れな人をいっぱい見てきてるわけよ。この責任は誰《だれ》が取るんだよ、と。だから、「イエスはこんな世界を求めるんか」というと、「やっぱり、そういうのを求めないだろう」ということであれば、私の価値観の側にイエス的なものがあると思うとったわけだけど。（大川隆法が）「反対のほう」で出てきて、それで「そちらのほうにイエスが立ってる」っていうのは、ちょっと納得《なっとく》がいかないわけよ。

「どのような状況でも戦争はすべて悪」と考えている野坂昭如氏

松本　確かに、戦争で亡くなられた方はかわいそうですし、悲惨《ひさん》ですけれども、心清き方々は、亡くなられたあとで、きちんと天上界《てんじょうかい》のほうに導かれてますから。

野坂昭如　おまえ、調べたんか。ふざけんなよ。いいかげんなこと言うなよ。

里村　いや、それを調べているのが、近頃《ちかごろ》の霊言《れいげん》なんです。

松本　ええ。それを明らかにすることが、私たち幸福の科学のしていることですね。

里村　例えば、「ペリリュー島という激戦地で亡くなった人も、すでに七割の人は天上界のほうに還《かえ》られた」という話はあります（『パラオ諸島ペリリュー島守備隊長　中《なか》川《がわ》州男《くにお》大佐《たいさ》の霊言』〔幸福の科学出版刊〕参照）。

確かに、みんながみんな、全部救われているわけではないです。でも、時間のなかで救われていき、生まれ変わってくるわけです。

野坂昭如　いやあ、でも、おまえらの言ってることを聞いてたら、やっぱり「戦争肯定論」に見えるんだよ

『パラオ諸島ペリリュー島守備隊長　中川州男大佐の霊言』
（幸福の科学出版）

なあ。

里村　いや、いや、そんなことはありません。

野坂昭如　だからさあ、安易に、安倍《あべ》なんかが、それに乗っかって、突《つ》っ走られると困るわけよお。

松本　それは間違いです。

里村　決して、そんなことはないです。

ただ、時代時代に、そういうことがあったっていうのは、否定のしようがないとは思います。

野坂昭如　だから、中国だって、南京《ナンキン》（大虐殺《だいぎゃくさつ》）だの（従軍《じゅうぐん》）慰安婦《いあんふ》だの、それがあるだのないだの、そういう議論はあるのは分かってはおるけども、まあ、大陸を日本軍が駆《か》け巡《めぐ》ったのは間違いないんやから。とにかく謝《あやま》るしかないやんけ、そんなの。

里村　要するに、先生が言いたいのは、「神様がいるなら、戦争とかをなくしてほしい」「そうやって死ぬ人をなくしてほしいんだ」っていうことですよね？

野坂昭如　だから、「侵略《しんりゃく》を肯定する側に神様が立ってる」っていうのは、やっぱり納得いかんのだよ。

里村　決して戦争を肯定してるんじゃないです。

斎藤　ただし、心清く生きている人たちの集団のところに、侵略的意図《いと》を持って、皆《みな》殺《ごろ》ししようとする国があるときに、「はい、分かりました。侵略してください。殺してください」と言うのは間違いです。やはり、大切な人を護《まも》るために戦うのは当然のことです。それは、決して悪ではないんです。

野坂昭如　だけど、おまえら、敗戦を見ていないだろう。復興したあとを見てるんだ。

里村　いや、幸福の科学の信者さんのなかには、見ている人はたくさんいらっしゃいますよ。私の身内も戦死しています。

野坂昭如　うーん、早く戦死しろ、ほんと。

里村　あるいは、空襲《くうしゅう》で亡くなった方もいます。

野坂昭如　おお。

斎藤　先生、もうだんだん収録の時間がなくなってきました。

野坂昭如　おまえらが決めた時間だろ？　わしは、「〝朝まで生《なま》テレビ！〟をやってもええ」って言ってるんだ！

野坂昭如氏が感じ始めた暖かい霊的《れいてき》な光

里村　今日、お話をお伺《うかが》いしていて、ローマ時代の、イエス様がいらっしゃる時代にもおられたとのことでした。

ただ、救世主を直《じか》に見るのは、何千年に一度のことなんです。だから、なかなか信じられないのは当たり前なんです。

野坂昭如　いや、それはねえ、千に一つも真実はないよ。「千に九百九十九は嘘《うそ》」だよ、だいたいな。

松本　でも、一つは本当ですね？

野坂昭如　一つぐらいだよ。

斎藤　でも、先生は、今日、死後二十一時間で、ここに来られましたよね。そして、大川隆法総裁は緊急《きんきゅう》で収録をされました。われわれ（質問者）なんかも、「三分で来い」って言われて飛んで来たんですよ、ここに。

野坂昭如　しかし、あの女たち（宗務《しゅうむ》本部スタッフ等）に愛はなかったぞ。あんまりなかった。

里村　いや、いや、違います。

野坂昭如　みんなねえ。取り締《し》まろうって……。特高《とっこう》警察かねえ、もうねえ、ゲシュタポみたいな感じで、もう、拉致《らち》して、監禁《かんきん》！

斎藤　いや、だから、野坂先生のことを思って、今日は、大川隆法総裁が、先生の霊《れい》を入れてるんですよ、お体に。分かってください。

野坂昭如　いや、わしをねえ、悪人として、最初から見立ててねえ……。

里村　でも、今日の結論としては……。

野坂昭如　え？　何だか背中から熱くてしょうがないよ。

斎藤　そう、そう。ポカポカしてくるんです。

里村　あったかくなってくるんです。

野坂昭如　これ、ホカロンを貼《は》ってる。

斎藤　いや、違いますよ！

野坂昭如　ホカロンを剝《は》がしてくれよ。ホカロン。

松本　光が入ってるんですよ。

野坂昭如　熱くてしょうがないんだ、これが。ホカロン熱いよ。

里村　野坂先生、今日のこの霊言をご覧になった方、読まれた方は、「先生は決してそんな悪人じゃない」っていうことは、もう十分お分かりになります。

野坂昭如　いや、それはわし自身が、よう知っとる。

斎藤　はい。（前のめりになって）野坂先生は邪悪《じゃあく》な存在じゃありません！

野坂昭如　おまえ、教祖みたいなふりすんなよ！　こういうのは、ユダになるから気をつけろよ。

斎藤　（苦笑）いや、いや。

里村　先生は、悪くないですから、悪くない先生にふさわしい場所に、これから行かれてください。お還《かえ》りになってください。

あくまでも「本物かどうか」の決着をつけたがる野坂昭如氏

野坂昭如　いや、ここは決着つけないとさあ、やっぱり次がないんだよ、次がな。

里村　いや、いや、大丈夫です。もう、分かりましたから。

松本　もう、「本物」であることはお分かりになったでしょう?

里村　先生は、もう、お分かりになってるんですから。

野坂昭如　だから、イエスを語り、仏陀《ぶっだ》を語り、それ以上であることを語る、「エル・カンターレ信仰《しんこう》」なるものが日本に打ち立てられてよいのか。そして、「世界宗教」になってよいのか。

もしこれが人類を過《あやま》ちに導く道であるならば、誰かがドン・キホーテみたいに立ち向かわねばならんわけよ。

だから、今、作家はみんな力はなくて立ち向かえない。評論家は立ち向かえない。マスコミは立ち向かえない。学者は立ち向かえない。敵がない。もう止《と》めようがないじゃない、これねえ。あと、刑事犯《けいじはん》ででも引っ掛《か》かってくれないかぎり、どうにもならないけど、殺人は今のところ犯《おか》しそうにないから。大川が刃《は》物《もの》を持って人を殺すとは、ちょっと思いがたいので。

もう、言論で戦うしかないけど、言論で勝てそうにないからさあ、誰もさあ。

松本　目に見えるものしか信じないような、この世界の価値観のなかで、敢然《かんぜん》と立ち向かっておられる存在が、大川隆法総裁先生なんですよ。

野坂昭如　いや、小説家だから、それを信じてないわけじゃないよ。霊だって、あったっていいんだよ。

斎藤　大川総裁は、「自由の創設《そうせつ》」を訴《うった》えられております！

野坂昭如　嘘、嘘、嘘はいかんのじゃない？

斎藤　いや、いや。「自由や平和」といっても、「悪と融和《ゆうわ》する平和や〝奴隷《どれい》の平和〟じゃないんだ」ということを、大川総裁はおっしゃっています（『正義の法』〔幸福の科学出版刊〕「あなたに贈《おく》る言葉⑤」参照）。

野坂昭如　うーん……。

松本　あなたは、本当は大川総裁につかなきゃ駄目《だめ》だったんですよ。

斎藤　これから『正義の法』という本が出ますけれども、そこにも説かれております。

野坂昭如　おまえ、自分は、『四畳半襖《よじょうはんふすま》の下張《したばり》』を禁書にする、つまり、「国家権力と結託《けったく》するような人間」なのか、「その反対側に立つ人間」なのか。よく自分自身に問うてみてくれよ。今、自分がどっち側に立っとるのかっていう。

里村　ええ、私どもは、「表現の自由」はすごく大事だと思います。

野坂昭如　うん、「自由の創設」って言うとるんやからさあ、いやあ、エロ小説は認めるなら認めると、はっきり公言しろよ。

里村　いや、いや、それは違います。それはですねえ、まだ、そういうものを読めないような年の子供たちが触《さわ》れないようにする工夫《くふう》は必要です。それは、大人の知恵《ちえ》です。

野坂昭如　駄目、駄目。そういう例外はつくったら。だいたいねえ、これはまあ、方便として言うておるんだけども、やっぱり「エロ」がどれだけ解放されてるかを見りゃあねえ、「自由度」が分かるわけよ。

斎藤　あのー、後半、話題が「エロ」になってきて、ちょっと時間が……（笑）。

野坂昭如　だから、イスラム教を倒《たお》したかったらねえ、「エロ漫画《まんが》」と「エロビデオ」を流しまくったらいいのよ。それが自由になったら、イスラム教は〝崩壊《ほうかい》〟するから、自動的に。

里村　まあ、今の時代っていうのは、いろいろなかたちで、情報通信の自由のなかで、自由と自由の戦いは行われています。

野坂昭如　ああ、もうすぐ崩壊するよ、それはなあ。

斎藤　なるほど。

10 霊言《れいげん》を実体験した野坂氏の最後の言葉

霊言が嘘《うそ》ではないことを認め始める野坂昭如氏

斎藤　先生、とにかく、今、「歴史的な現場」に立っております。過去世《かこぜ》においても、イエスを判定する立場に立たれていたということは推定されました。これは、よく分かりました。

野坂昭如　はい。

斎藤　そして今回もまた、「歴史の現場」に立っております。ある面、「歴史の法廷《ほうてい》」かもしれません。ジャッジする立場に立たれておりますので。

どうか、今日、大川総裁のなかで体感した、ポカポカした暖かさというものを、あるいは、思い出した純粋《じゅんすい》なものを、もう一回振《ふ》り返ってみてください。

松本　娘《むすめ》さんを安心させてあげてくださいよ。

野坂昭如　だから、わしにはよく分からんけども、ただ、（霊言《れいげん》は）「全部が嘘《うそ》ではない」ということだけは認めてもいい。全部は嘘ではないだろう。

斎藤　ありがとうございます。

野坂昭如　まあ、確かになんか、わしの意志でしゃべらしてもらっているようには思うから、全部が嘘ではないし、全部が創作ではないことは間違《まちが》いない。また、知識だけで書いてるもんでもないっていうことは分かった。

斎藤　はい。ありがとうございます。

野坂昭如　野坂の本なんか、ほとんど読んでへんのは知ってるから。ほぼ読んでないと思うから。

里村　いえ、いえ。

野坂昭如　参考にもならんのだろうよ、たぶんなあ。ゴミにしか見えないんだろうかなさあ。

里村　決してゴミなんてことはありません。

野坂昭如　読んでないんだよ。野坂昭如の霊言を録《と》るために、野坂の本を読むなんてバカなことはしてないからさあ、全然。さっきから読む暇《ひま》なんか全然なかったから。それは知ってるからさあ。だから、〝なし〟でやれることも分かった。

里村　うん。

野坂昭如　まあ、そらあ、勉強はしてるんだろうけど、これは「教養」として、しているんだろうってことは分かったからさあ。

里村　まあ、大変なもんですよ。今の内容をお分かりになったってことが。

野坂昭如　しかし、悔《くや》しいよなあ、人間として生まれてさあ……。まあ、神というのがいて、地上に降りた同じ人間、脚《あし》二本、手二本、目、鼻同じの人間にだなあ、これだけ「ギフト」を与《あた》えるっていうかさあ、才能を与えるっていう、その神様の不公平感に対して、やっぱり悪魔《あくま》のように「異議申し立て」したくならねえか？

里村　まあ、先生のその悔しい気持ちはよく分かりました。

松本　私どもも、受け止めさせていただきましたので。

斎藤　そういうお気持ちを持たれたっていうことには、耳を傾《かたむ》けました。

「私が大川隆法に嫉妬《しっと》する気持ちを分かってほしい」

野坂昭如　まあ、もしな？　多様な価値観をおまえらが本当に受け入れるんだったらな？

里村　はい。

野坂昭如　だから、「野坂昭如っていう直木賞《なおきしょう》作家が、大川隆法の多作・ベストセラーぶりに嫉妬《しっと》してるということを分かってほしい」と言っている気持ちを理解してくれる、と。

斎藤　はい。

野坂昭如　まあ、そういう立場を、ちょっと分かってもらえばいい。

里村　分かりました。

野坂昭如　「そういう名誉《めいよ》ある賞を取ってる人たちが嫉妬するぐらいの立場にいる自分」ということを客観的に、まだ分かってないように思うからさあ。
そのへんを、もうちょっと、あのー、謙虚《けんきょ》であってほしいっていうか。

斎藤　われわれ弟子《でし》の不徳の致《いた》すところです。

野坂昭如　まあ、謙虚であってもいいのか、どっちか分からなくなったけども。とにかくそれだけの成功をしてるんだということを知ってだなあ。自分の権威《けんい》や権力、そういう影響力《えいきょうりょく》の大きさを、よく知ってだなあ。言葉の一つひとつに責任があって、人類の未来を迷わさないようにする義務があるんだっていうことを、よう知らないかん。また、「安倍《あべ》政権に悪さをさせないようによくチェックせないかん」っていうことを、知らないかんっちゅうことやなあ。

斎藤　はあ。

野坂昭如　二度となあ、戦争で東京が焼かれてだねえ、丸焼けになってだねえ、親なし子がねえ、ご飯《はん》がなくてさまようような世の中をつくってはあかんぞよ！

斎藤　はい。

松本　ありがとうございます！

里村　かしこまりました。

野坂昭如　宗教を名乗るならな、そういうふうな危険な目に人を遭《あ》わせないように、ちゃーんと導かないけないよ。

里村　はい。

野坂昭如　おまえらなあ、ええかあ？
　エリートは恨《うら》まれて当然なんだけども、それだけの「責任」があるんだからさあ！　それだけの頭がない人たちに対して、迷わせないようにする「義務」があるんだからさあ。
　そういうところを、おまえら弟子もなあ、総裁がそのへんを慢心《まんしん》して間違わないようになあ、しっかり見なきゃいかんということだよなあ！

里村　いや、弟子こそがしっかりとですね、慢心せずに……。

野坂昭如　うーん。

斎藤　はい。われわれ弟子の不徳を、今日、感じさせていただきました。

里村　はい。弟子の力不足ということです。

野坂昭如　まあ、おまえらの〝口が立つ〟のは、今日感じさせていただきましたから、大川は「教育者」としても才能があるんだろう。これは意外だったなあ。
　昔は、景山《かげやま》（民夫《たみお》）さんぐらい出さないと、ほかに言える人がいなかったんだろうけどさあ。今は、おまえらが十分しゃべるわあ。驚《おどろ》いたわ。

斎藤　とんでもないです。

野坂昭如　それは、二十何年で弟子が育っとるんだ、ちょっとはなあ。だから、教団として、大きいなったんやろう。

斎藤　先生、本当に、今後ともどうかご指導お願い申し上げます。

里村　今日の言葉を胸に、はい。

松本　（霊界《れいかい》で）景山さんが来ますので、ぜひ、話をしてください。

斎藤　ぜひ、景山さんのお声に耳を傾けてあげてください。

野坂昭如氏から出てきた「懺悔《ざんげ》」と「激励《げきれい》」の言葉

野坂昭如　うーん、一言《ひとこと》、佐高《さたか》になあ、佐高信《まこと》にさあ、わしの轍《てつ》を踏《ふ》まんように、まあ、一言、申し伝えておいてくれ。

里村　はい、分かりました。

野坂昭如　どうやら、（総裁は）わしが思ってたよりも大きい人らしいわ。

斎藤　そうですか！

里村　お伝えします。

野坂昭如　何か、そういう寛大《かんだい》な器《うつわ》らしい。だから、無視してたんじゃなくて、もっと大きかったらしいということは分かったわ。
だから、それはそういうことなんだろう。

斎藤　総裁の思いは、「優《やさ》しい」です。

野坂昭如　だから、まあ、死んだからご挨拶《あいさつ》や！　有名人みんなが出て、善でも悪でもいいけど、善人でも悪人でもいいけど、出てくることで証明になるだろう！

斎藤　はいっ！

野坂昭如　まあ、新聞の一面に、いちおう出るんだからさあ、そういう人が、死んで一日で出てくるっていうのは、証明じゃんな！

里村　そのとおりでございます。

斎藤　ありがとうございます。

野坂昭如　本当は、原節子《はらせつこ》も、北《きた》の湖《うみ》理事長も、それから、ゲゲゲの鬼太郎《きたろう》じゃないわ、水木《みずき》しげるも出たかっただろうけども、何だか、おまえらの判断基準があって出られないらしいけどさあ（注。本収録後、十二月十二日に水木しげる、同十三日に北の湖理事長の公開霊言を収録した）。

里村　はい。

野坂昭如　わしは強い思いがあったでなあ。だから、縁《えん》があるので、〝決着〟つけないかんからさあ。まあ、来てしもうたんだけどさあ。

里村　今日は、でも、本当にお言葉を承《うけたまわ》りました。

野坂昭如　もし、ほんまに、おまえらが、「救世主」と「救世主運動」であるんならば、二十何年前にわしが失礼なことを言って、その後、思ってたんなら、それについてはお詫《わ》びするしかねえから、まあ、お詫びしとくわ。

里村　いえいえ。とんでもないです。

松本　素晴《すば》らしいと思います。

斎藤　ありがとうございます！　この言葉、宝として、受け止めさせていただきます！

野坂昭如　だから、まあ、どうやら嘘でないらしい感じだけは伝わったからさあ。そんな悪い人でもないんだろう。（大川隆法の）なかに入ってみて、そういう悪い考えを何も感じないからさあ。たぶん、そういうことを考えてない人なんだろうよ。まあ、「才能」については、嫉妬するわしのほうが問題なんだろうからさあ。されるほうに問題があるわけじゃないんだろうから、まあ、しょうがないけど。まあ、そういうふうな、直木賞や芥川賞《あくたがわしょう》なんて相手になってないレベルまで来てるということについて、本人も弟子も、もうちょっと自覚はしたほうがいいよということは……。それは、「世間《せけん》常識」なんだから。

松本　はい、自戒《じかい》してまいります。

野坂昭如　「マスコミが報道しない」というようなことなんか、恨んどるんだろうけど、「報道なんかする必要がない」っていうか、そういうレベルまで来てるっていうか。まあ、みんな知ってるんだということをさあ、もうちょっと知ったほうがいいよ。

斎藤　はい、ありがとうございます。

野坂昭如　いいかい？　弱い者というか、自分で報道する力がないというか、ＰＲする力がない者について、マスコミは報道するんだよ。してくれるんだけどさあ、「誰《だれ》それさんが賞を取りました」と。

里村　うん、うん、うん。

野坂昭如　だけど、「大川隆法がこんなに評判になってますねえ」って、こんなこと、ニュースにならないんだよ。これについて、もうちょっと自分らの立場をよく知ったほうがいいよな。

里村　はい、自戒してまいります。

野坂昭如　だから、髪《かみ》の毛一筋《ひとすじ》ほども、人類の未来を間違わせないようにな。

斎藤　分かりました！

野坂昭如　しっかりやるんだぜ！

斎藤　弟子一同、自己変革をして、反省し、また発展してまいります！

松本　今日は、ありがとうございました。

野坂昭如　まあ、それが、わしの懺悔《ざんげ》を込《こ》めた最後の使命だ。そういうことで、帰ってやるからさあ。まあ、頑張《がんば》れや。

一同　今日はどうも、ありがとうございました。

11　シャイな人だった野坂昭如氏の霊言《れいげん》を終えて

大川隆法　（手を五回叩《たた》く）思わぬところから、思わぬものが出てくる……。これは何なのでしょう。

まあ、シャイな人ですね。やはり、シャイで、本心をあまりすっきりとは言えない人ですね。まわりくどく、いろいろなことを言っていました。

里村　はい。

大川隆法　本当は、それほど悪人ではありませんね。ただ、辛酸《しんさん》を味わったことがあるから、その部分からの影響《えいきょう》でしょうか。「人生に代金を払《はら》って成功すべきだ」というような、その程度の価値観を持ってはいるのでしょうか。

斎藤　そうですね。

大川隆法　ただ、宗教家であっても、みな、それなりに、いろいろと「つらいこと」や「苦しいこと」もあるのですが、それを出さないだけのことです。

小説家はそういう「人生の恥部《ちぶ》」のようなところを売り物にして仕事をすることもありますけれども、宗教家はそういうものを〝すべて呑《の》み込《こ》んで〟する仕事ですから、立場は違《ちが》うかもしれませんがね。

「多くの人の苦しみ」を「自分の苦しみ」にしているのが宗教家ですが、作家ではどうしてもそこまでは行きません。

「衆生《しゅじょう》病《や》むがゆえにわれ病む」というのが宗教家の立場ですから、そのあたりについて、一部なりとも分かってくだされば、ありがたいところです。

この人にしても、死後二十四時間以内で、心を病んでいるのだろうから、この病んでいる心を救うために、今日は夜にもかかわらず、わざわざ、みなさんに急遽《きゅうきょ》お集まりいただいて……。

里村　いえいえいえ。

大川隆法　もしかしたら、まだ晩ご飯《はん》を食べていないかもしれないところを、お相手をしてくださって……。

斎藤　とんでもないです。

大川隆法　まあ、まことに申し訳ないのですが、新聞の一面に載《の》るような有名人の方が病んでいらっしゃり、〝結論〟を求めているということなので、やはり、これに答えてあげなければいけませんし、これが参考になるような人は、ほかにも大勢いると思います。

斎藤　衆生《しゅじょう》のなかにある声とも同じかと思います。

大川隆法　これと同じような立場の方はたくさんいるでしょう。「マスコミ」のなかにもいるでしょうし、「作家」や「評論家」のなかにもたくさんいるでしょうから、もし彼らが間違っているなら、そういう人たちに教えることも「愛」の一つですからね。

里村・松本　はい。

大川隆法　私は自分の利益のためにやっているわけではありません。「野坂昭如の霊《れい》言《げん》」で儲《もう》けようなどという気持ちは、本当に微塵《みじん》もないのです。これを出したところで、大して売れるとも思いませんので、せめて原価分《げんかぶん》ぐらいは売れてくれればありがたいぐらいのものです。おそらく、当会の会員が読むにしてもあまり気持ちのいい本ではないでしょう。

ただ、「霊界《れいかい》の証明にはなった」と思います。確かに、「幸福の科学のシンパばっかり出したって、証明にはならないぞ」というのはそのとおりでしょう。文句《もんく》を言わない人たちですからね。

斎藤　ええ。

大川隆法　「だから、批判的な立場の人のものも出したほうがいい」という意見もあるでしょう。

いずれにせよ、これでご本人の気が済んだと思いますが、今後、あとに続く死んでいく人を次々と予言されたら、ちょっと怖《こわ》いところですが、多少早めに仏法真理《ぶっぽうしんり》の勉強をしておいてくださると、ありがたく思います（手を軽く三回叩く）。

斎藤　本日は、ご指導、まことにありがとうございました（会場拍手《はくしゅ》）。

あとがき

最近は、生前《せいぜん》、面識がなかったにもかかわらず、死の直後、私の所に霊言をするために交渉しに来る人が多くて、交通整理が大変である。おそらく、彼らの本心は、生前に、私と対談してみたかったのではないかと思う。

本音を言えば、野坂氏、水木しげる氏、北《きた》の湖《うみ》親方と三人続いて、幕張《まくはり》メッセイベントホールでのエル・カンターレ祭直前に来られて、私も少々消耗《しょうもう》した。いずれも、新聞の一面に死亡記事が出るほどの有名人であるので、むしろ有難《ありがた》いことであると、考えなくてはなるまいと自戒《じかい》している。

それにしても、こう次々と著名人《ちょめいじん》がおいでになるのをみると、私の霊言集も社会的に認知が広がっているものかと思われる。

本書でも、野坂氏の霊言の内容が私の思想と同じではないことは、読者には分かりやすかったのではないかと思う。フィクションではないことの証明にはなるだろう。

二〇一五年　十二月二十二日

幸福《こうふく》の科学《かがく》グループ創始者兼総裁《そうししゃけんそうさい》　大川隆法《おおかわりゅうほう》

『野坂昭如の霊言』 大川隆法著作関連書籍

『正義の法』（幸福の科学出版刊）
『サッチャーのスピリチュアル・メッセージ』（同右）
『酒井雄哉《さかいゆうさい》 日本天台宗大阿闍梨《だいあじゃり》に引導を渡す』（同右）
『宇宙人リーディング』（同右）
『小説家・景山民夫が見たアナザーワールド』（同右）
『ネルソン・マンデラ ラスト・メッセージ』（同右）
『スピリチュアル・メッセージ 曽野綾子という生き方』（同右）
『「煩悩の闇」か、それとも「長寿社会の理想」か 瀬戸内寂聴を霊査する』（同右）
『パラオ諸島ペリリュー島守備隊長 中川州男《くにお》大佐の霊言』（同右）

※左記は書店では取り扱っておりません。最寄りの精舎・支部・拠点までお問い合わせください。

『若き日のエル・カンターレ』（宗教法人幸福の科学刊）

野坂昭如《のさかあきゆき》の霊言《れいげん》
――死後21時間目の直撃インタビュー――

2015年12月25日　初版第1刷

著　者　　大《おお》　川《かわ》　隆《りゅう》　法《ほう》

発行所　　幸福の科学出版株式会社
〒107-0052 東京都港区赤坂2丁目10番14号
TEL(03)5573-7700
http://www.irhpress.co.jp/

印刷・製本　株式会社 東京研文社

落丁・乱丁本はおとりかえいたします

ISBN978-4-86395-747-3 C0095

写真：Kodansha/アフロ

大川隆法霊言シリーズ・現代作家の霊言

小説家・景山民夫が見たアナザーワールド

唯物論は絶対に捨てなさい

やっぱり、あの世はありました！ 直木賞作家が語る「霊界見聞録」。本人が、衝撃の死の真相を明かし、あの世の様子や暮らしぶりを面白リポート。

1,400円

山崎豊子 死後第一声

社会悪の追究、運命に翻弄される人間、その先に待ち受けるものとは――。社会派小説の第一人者が、作品に込めた真意と、死後に赴く世界を語る。

1,400円

「失楽園」のその後

痴の虚人 渡辺淳一直伝

『失楽園』『愛の流刑地』など、男女の性愛を描いた小説家・渡辺淳一は、あの世でどんな世界に還ったのか。死後11日目の衝撃のインタビュー。

1,400円

「煩悩の闇」か、それとも「長寿社会の理想」か 瀬戸内寂聴を霊査する

九十代でなお「愛欲小説」を描き続け、「脱原発運動」にも熱心な瀬戸内寂聴氏――。その恋愛観、人生観、国家観を守護霊が明かす。

1,400円

※表示価格は本体価格（税別）です。

大川隆法霊言シリーズ・言論・出版界について考える

巨大出版社 女社長のラストメッセージ メディアへの教訓

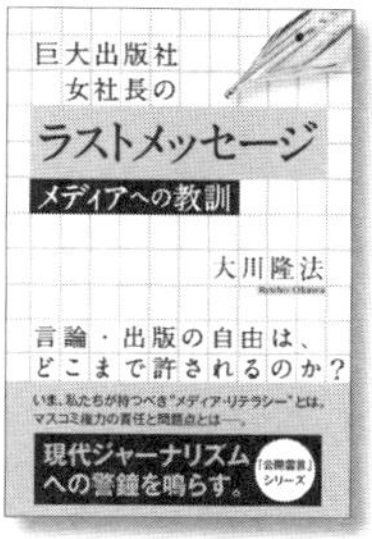

拡張の一途をたどってきた「言論・出版の自由」。売り上げ至上主義、正当化される個人への攻撃……。今、マスコミ権力の「責任」を検証する。

1,400円

スピリチュアル・メッセージ 曽野綾子という生き方

辛口の言論で知られる保守系クリスチャン作家・曽野綾子氏。歴史認識問題から、現代女性の生き方、自身の信仰観までを、守護霊が本音で語る。

1,400円

大江健三郎に「脱原発」の核心を問う

守護霊インタビュー

左翼思想と自虐史観に染まった自称「平和運動家」の矛盾が明らかに！ 大江氏の反日主義の思想の実態が明らかになる。

1,400円

地獄の条件 ―松本清張・霊界の深層海流

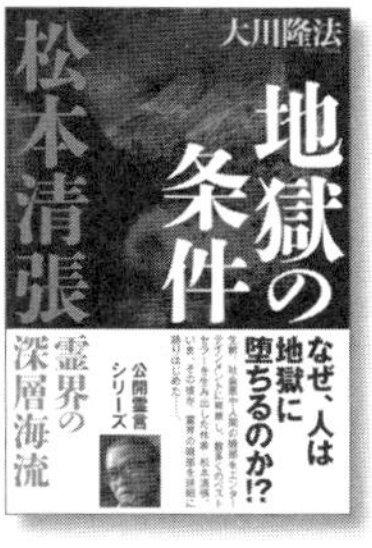

社会悪を追及していた作家が、なぜ地獄に堕ちたのか？ 戦後日本のマスコミを蝕む地獄思想の源流の一つが明らかになる。

1,400円

幸福の科学出版

大川隆法シリーズ・最新刊

ファッション・センスの磨き方
人生を10倍輝かせるために

あなたの価値を高める「一流のファッション作法」とは? おしゃれを通して"新しい自分" をクリエイトするきっかけを与えてくれる一冊。

1,500円

政治家が、いま、考え、なすべきこととは何か。
元・総理　竹下登の霊言

消費増税、マイナンバー制、選挙制度、マスコミの現状……。「ウソを言わない政治家」だった竹下登・元総理が、現代政治の問題点を本音で語る。【幸福実現党刊】

1,400円

女神の条件
女優・小川知子の守護霊が語る成功の秘密

芸能界で輝き続ける女優のプロフェッショナル論。メンタル、フィジカル、そしてスピリチュアルな面から、感動を与える「一流の条件」が明らかに。

1,400円

※表示価格は本体価格(税別)です。

大川隆法「法シリーズ」・最新刊

正義の法

法シリーズ 第22作

憎しみを超えて、愛を取れ

テロ事件、中東紛争、中国の軍拡――。
どうすれば世界から争いがなくなるのか。
あらゆる価値観の対立を超える
「正義」とは何か。
著者二千冊目となる「法シリーズ」最新刊！

2,000円

第１章　神は沈黙していない――「学問的正義」を超える「真理」とは何か
第２章　宗教と唯物論の相克――人間の魂を設計したのは誰なのか
第３章　正しさからの発展――「正義」の観点から見た「政治と経済」
第４章　正義の原理――「個人における正義」と「国家間における正義」の考え方
第５章　人類史の大転換――日本が世界のリーダーとなるために必要なこと
第６章　神の正義の樹立――今、世界に必要とされる「至高神」の教え

幸福の科学出版

Welcome to Happy Science!

幸福の科学グループ紹介

「一人ひとりを幸福にし、世界を明るく照らしたい」──。
その理想を目指し、
幸福の科学グループは宗教を根本《こんぽん》にしながら、
幅広い分野で活動を続けています。

宗教活動

幸福の科学【happy-science.jp】

- 支部活動【map.happy-science.jp（支部・精舎へのアクセス）】
- 精舎（研修施設）での研修・祈願【shoja-irh.jp】
- 学生局【03-5457-1773】
- 青年局【03-3535-3310】
- 百歳まで生きる会（シニア層対象）
- シニア・プラン21（生涯現役人生の実現）【03-6384-0778】
- 幸福結婚相談所【happy-science.jp/activity/group/happy-wedding】
- 来世幸福園（霊園）【raise-nasu.kofuku-no-kagaku.or.jp】

来世幸福セレモニー株式会社【03-6311-7286】

株式会社 Earth Innovation【earthinnovation.jp】

社会貢献

ヘレンの会（障害者の活動支援）【www.helen-hs.net】
自殺防止運動【www.withyou-hs.net】
支援活動
- 一般財団法人
「いじめから子供を守ろうネットワーク」【03-5719-2170】
- 犯罪更生者支援

国際事業

Happy Science 海外法人
【happy-science.org（英語版）】【hans.happy-science.org（中国語簡体字版）】

教育事業

学校法人 幸福の科学学園

- 中学校・高等学校（那須本校）【happy-science.ac.jp】
- 関西中学校・高等学校（関西校）【kansai.happy-science.ac.jp】

宗教教育機関

- 仏法真理塾「サクセスNo.1」（信仰教育と学業修行）【03-5750-0747】
- エンゼルプランV（未就学児信仰教育）【03-5750-0757】
- ネバー・マインド（不登校児支援）【hs-nevermind.org】
  - ユー・アー・エンゼル！運動（障害児支援）【you-are-angel.org】

高等宗教研究機関

- ハッピー・サイエンス・ユニバーシティ（HSU）

政治活動

幸福実現党【hr-party.jp】

- <機関紙>「幸福実現NEWS」
- <出版>書籍・DVDなどの発刊

HS政経塾【hs-seikei.happy-science.jp】

出版メディア関連事業

幸福の科学の内部向け経典の発刊

幸福の科学の月刊小冊子【info.happy-science.jp/magazine】

幸福の科学出版株式会社【irhpress.co.jp】

- 書籍・CD・DVD・BDなどの発刊
- <映画>「UFO学園の秘密」【ufo-academy.com】ほか8作
- <オピニオン誌>「ザ・リバティ」【the-liberty.com】
- <女性誌>「アー・ユー・ハッピー？」【are-you-happy.com】
- <書店>ブックスフューチャー【booksfuture.com】
- <広告代理店>株式会社メディア・フューチャー

メディア文化事業

- <ネット番組>「THE FACT」【youtube.com/user/theFACTtvChannel】
- <ラジオ>「天使のモーニングコール」【tenshi-call.com】

スター養成部（芸能人材の育成）【03-5793-1773】

ニュースター・プロダクション株式会社【newstar-pro.com】